Die Gegenwart Jesu Christi im Abendmahl

W0235606

Die Gegenwart
Jesu Christi im Abendmahl

Herausgegeben von Dietrich Korsch

EVANGELISCHE VERLAGSANSTALT
Leipzig

Gedruckt mit der Unterstützung der Vereinigten Evangelisch-Lutherischen Kirche Deutschlands, der Evangelischen Kirche von Kurhessen-Waldeck sowie der Luther-Gesellschaft e. V.

Die Deutsche Bibliothek – Bibliographische Information

Die Deutsche Bibliothek verzeichnet diese Publikation in der Deutschen Nationalbibliographie; detaillierte bibliographische Daten sind im Internet über <http://dnb.ddb.de> abrufbar.

© 2005 by Evangelische Verlagsanstalt GmbH · Leipzig
Printed in Germany · H 6960
Alle Rechte vorbehalten
Gedruckt auf alterungsbeständigem Papier
Umschlaggestaltung: Kai-Michael Gustmann, Leipzig
Satz: Heike Mevius, Marburg
Druck und Binden: Hubert & Co., Göttingen

ISBN 3-374-02269-3
www.eva-leipzig.de

Inhaltsverzeichnis

Geleitwort

Der wissenschaftlichen, kirchlichen und an Fragen von Theologie, Kirche und Kultur in der Gegenwart interessierten Leserschaft ist die Luther-Gesellschaft durch das *Lutherjahrbuch* als Organ der internationalen Lutherforschung und die dreimal jährlich erscheinende Zeitschrift LUTHER ein Begriff. In der Herausgabe dieser beiden Periodica besteht eine der Säulen unserer Arbeit.

Neben diesen Veröffentlichungen ist in den vergangenen Jahren die Veranstaltung von Seminaren und Tagungen ein wesentlicher Faktor unserer Arbeit geworden. Diese Seminare finden an wechselnden Orten in Deutschland statt, vorzugsweise an solchen, die mit Luther und der Reformation im Zusammenhang stehen; sie sind wissenschaftlich verantwortet, sie wenden sich an eine breitere Öffentlichkeit und werden von dieser lebhaft wahrgenommen. Einzelne Vorträge werden in der Zeitschrift LUTHER, im *Lutherjahrbuch* oder in anderen Publikationsorganen veröffentlicht.

Das vorliegende Buch ist nun bereits das dritte, das die Vorträge einer Tagung der Luther-Gesellschaft vollständig dokumentiert. 2001 gab Uwe Rieske-Braun die Ergebnisse einer gemeinsam mit der Bischöflichen Akademie Aachen veranstalteten Tagung unter dem Titel *Konsensdruck ohne Perspektiven. Der ökumenische Weg nach „Dominus Jesus"* heraus; 2003 erschien der von mir betreute Band *Mystik. Religion der Zukunft – Zukunft der Religion?* Der vorliegende Band *Die Gegenwart Jesu Christi im Abendmahl* geht auf eine Tagung zurück, die vom 26.–28. September 2003 in Marburg stattfand – an historischem Ort sollte die für Glaube, Theologie und Kirche zentrale Frage nach der Gegenwart Gottes für uns studiert und wahrgenommen werden.

Eine Buchreihe haben wir nach reiflicher Überlegung nicht begründen wollen, wohl aber stehen die Bücher in einem Zusammenhang, und auch durch die Verwendung der Lutherrose, des Erkennungszeichens der Luther-Gesellschaft, sollen sie künftig für die Leserschaft erkennbar sein. Alle Bände sind in der Evangelischen Verlagsanstalt in Leipzig erschienen, und wir danken dem Verlag, insbesondere Frau Dr. Annette Weidhas, für die gute Zusammenarbeit, die wir auch künftig pflegen wollen.

Frau Heike Mevius / Marburg hat die Redaktion dieses Bandes betreut und Texte gesetzt. Dafür danken wir ihr herzlich. Die Drucklegung dieses Bandes haben neben der Luther-Gesellschaft selbst die

Vereinigte Evangelisch-Lutherische Kirche Deutschlands und die
Evangelische Kirche von Kurhessen-Waldeck gefördert. Auch dafür sei
herzlich gedankt.

Kiel, im November 2004   Johannes Schilling
                                    Präsident der Luther-Gesellschaft

Vorwort

Die Feier des Abendmahls hat in den evangelischen Kirchen im Laufe der letzten Jahrzehnte eine neue Lebendigkeit erfahren. Das Abendmahl wird häufiger gehalten und fröhlicher begangen, als es mancherorts früher der Fall war. Es versammelt immer mehr Menschen an den Tisch des Herrn. Es regt zu verschiedener Gestaltung an, die die Herzen bewegt, aber auch für Kontroversen in den Gemeinden sorgt. Ganz gewiß hat die Verständigung über das Abendmahl zwischen den reformierten und lutherischen Kirchen, wie sie in den Arnoldshainer Thesen von 1957 und der Leuenberger Konkordie von 1973 dokumentiert ist, zu dieser Lebendigkeit beigetragen. Und ganz gewiß haben die Gespräche mit römisch-katholischen Mitchristen, ob auf der Ebene der Theologie und Kirchenleitung oder in den Ortsgemeinden, der Frage nach dem Gemeinsamen im Trennenden neue Aufmerksamkeit verschafft.

In dieser Situation dürfte es nicht unnütz sein, sich erneut über den Sinn des Abendmahls nach evangelischem Verständnis Rechenschaft zu geben. Einmal, um für die liturgische Gestalt und die praktische Durchführung des Abendmahls eine sichere Leitlinie zu geben. Dann auch, um die konfessionellen Profile in der Abendmahlslehre zu verstehen und kompetent beurteilen zu können.

Den evangelischen Sinn des Abendmahls möglichst genau ins Auge zu fassen, war die Absicht des Seminars der Luther-Gesellschaft im Herbst 2003 in Marburg, in Erinnerung an das Marburger Religionsgespräch vom Oktober 1529, in dem eine Einigung über das Verständnis des Abendmahls zwischen den der beiden bedeutendsten theologischen Strömungen der Reformation, den Wittenbergern und den Schweizern, nicht erreicht werden konnte. Nicht die alten Kontroversen wiederzubeleben, war die Absicht der Marburger Tagung der Luther-Gesellschaft, sondern die unterschiedlichen Profile zu Gesicht zu bekommen, die – so oder so – doch noch immer unsere alltäglichen Abendmahlsauffassungen prägen. Die Texte dieses Bandes, die nun 475 Jahre nach dem Marburger Religionsgespräch erscheinen, wollen durch historische, systematische und praktische Erörterungen einen Beitrag zum eigenen und kompetenten Verständnis selbständig urteilender Christinnen und Christen vom Abendmahl leisten und so der weiteren Lebendigkeit des Abendmahls in den Gemeinden dienen.

Marburg, am 4. Oktober 2004   Dietrich Korsch

Dietrich Korsch

Einleitung
Die Gegenwart Jesu Christi im Abendmahl

Gegenwart ist Vergegenwärtigung. Das ergibt sich schon aus der Struktur der Zeit. Denn zwischen der Vergangenheit, die bis jetzt reicht, und der Zukunft, die jetzt beginnt, schwindet dieses „Jetzt" zu einem archimedischen Nullpunkt. Und doch fallen Vergangenheit und Zukunft nicht einfach auseinander, sondern sind um die stets flüchtige Gegenwart herum zentriert. Genau besehen ist sie es sogar, die Vergangenheit und Zukunft zu scheiden verlangt. Wie aber sollen wir der Gegenwart innewerden? Offenbar nur so, daß wir Konstellationen der Vergegenwärtigung inszenieren; Momente, die symbolisch aus dem Lauf der Zeit herausgehoben und gerade darum als über Vergangenheit und Zukunft bestimmend erfahren werden. Nur wenn uns Vergegenwärtigung möglich ist, erfassen wir die Gegenwart. Nur wenn wir die Gegenwart erfassen, können wir Vergangenheit und Zukunft unterscheiden, haben also die Chance, Vergangenheitskompetenz und Zukunftsfähigkeit zu erlangen. So unerläßlich Vergegenwärtigung ist, so paradox ist sie auch. Denn natürlich gibt es keinen Moment, auch keinen inszeniert-symbolischen, der der scharfen und strengen Scheidung von Vergangenheit und Zukunft entnommen wäre. Wer Vergegenwärtigung will und braucht, weil er auf Gegenwart nicht verzichten kann, begibt sich unausweichlich ins Paradox.

Warum können wir auf Gegenwart nicht verzichten? Was gibt uns die Möglichkeit, diese Widerspruchseinheit der Vergegenwärtigung zu vollziehen? Beides hat damit zu tun, daß wir als leibseelische Wesen existieren. Unser Leib gewährt uns einen Bestand in der Zeit. Wir sind gestern gewesen und hoffen auch morgen zu erleben. Dieser Bestand ist von unserem Willen unabhängig. Doch eben insofern auch wiederum nicht, als der Leib der Fürsorge und Pflege, mindestens der Nahrung bedarf. Ernährung ist, so gesehen, die Gegenwarts-Stelle in der leiblichen Kontinuität zwischen gestern und morgen. Es liegt daher auf der Hand, daß dem Essen und Trinken eine besondere Bedeutung zukommt. Keiner kann allezeit essen und trinken; das tun wir nur zuzeiten. Wenn wir es aber tun, haben wir dafür gesorgt, daß etwas da ist, das wir zu uns nehmen können; und das gibt uns Aussicht, den nächsten Tag zu bestehen. Kein Wunder also, daß Essen und Trinken – gerade als vorbereitete und vorbereitende Handlungen – eine besondere Präsenzerfahrung vermittelt, die im Gefühl von Hunger zurück in die Vergangenheit reicht und als Sättigung nach vorn in die Zukunft weist. Kein Wunder also, daß gerade Essen und Trinken zu den ältesten kulturellen Handlungen der Menschen gehören, als besorgte und geformte Handlungen im sozialen Kontext. Allein die Sexualität könnte es mit der Präsenzerfahrung von Essen und Trinken aufnehmen; auch in ihr geschieht Zeitübergreifendes – das dann wieder in das Symbol der Generationenfolge gefaßt wird. Auch sie unterliegt rituellen und kulturellen Codes. Aber rauschhaft wie sie ist, vereinzelt sie die Beteiligten, statt, wie das Essen und Trinken, sie zu vergemeinschaften.

Der Leib als Übergangsmedium zwischen Vergangenheit und Zukunft: konzentriert erfahren wird er in der Gegenwart von Essen und Trinken. Erlebt als Brücke aus der Vergangenheit in die Zukunft. In dieser Funktion übt der Ritus von Essen und Trinken, als stillgestellte Zeit, eine bestimmende Macht aus. In ihm vermittelt sich das, was gilt, was nämlich für die Zukunft und in der Zukunft leitet. Natürlich und mindestens: Daß morgen wieder Nahrung da ist. Aber eben auch: Daß die Verläßlichkeitsbedingungen dafür gegeben sind. Die resultieren nun nicht aus dem Essen und Trinken als solchem, sondern aus der sozialen Form, die sie angenommen haben – und zwar gerade aufgrund derselben. Da, wo gegessen und getrunken wird (und nicht nur verschlungen und vertilgt), kondensiert sich soziale Erfahrung als Erfahrung der unbedingten Geltung von Verläßlichkeit, eigener Verhaltenskonstanz und fremder Erwartungssicherheit. Insofern ist auch die Erfahrung von Geltung eine Präsenzerfahrung, zeitgebunden zwar, aber zeitbestimmend, und damit in einer Gegenwart zuhause, die nicht vergeht. Erfüllte Gegenwart, die nicht endet. Auch das spiegelt sich im Ritus selbst. Die Belehrung hat im Zusammenhang des Mahles ihren Platz, wie man im Alten Testament so deutlich sehen kann. Erzählung des Vergangenen und seine moralische Bedeutung für die Zukunft sind so gebündelt wie die Vorbereitung des Mahles und Aussicht aufs Sattwerden. Weil das Geltende im Zusammenhang des Erhaltenden auftritt, aber nicht einfach aus ihm resultiert, wird es als Macht eigener Art und eigener Würde erlebt. Als das Gemeinschaftsgründende, das sich im gemeinsamen Essen und Trinken zur Darstellung bringt – so daß es das Mahl gar nicht mehr ohne das Gründende gibt.

Das Opfer ist der klassische Ausdruck für diese Einheit des Geltenden mit dem Mahl. Die rituelle Handlung, bei der, symbolisch gemein-
schaftsbegründend, die überlegene Macht anerkannt und verehrt wird,
die dann das Essen und Trinken als stillgestellte Zeit, als Präsenz, zu
vollziehen erlaubt. Ist die Institution des Opfers erst einmal konstituiert, muß auch nicht alles Essen und Trinken hochrituellen Charakter
besitzen; es reicht, daß im Opfer der eigentliche Sinn, die erfüllte Gegenwart symbolisch verdichtet ist, von der dann auch alle anderen Ver-
gegenwärtigungsweisen zehren, die als solche unersetzlich sind.

Die Formen der Präsenz des Geltenden in den Religionen sind unterschiedlich gefaßt worden; ihnen nachzugehen, ist hier nicht der Ort.
Hier geht es um die eigentümliche Gestalt, in der im Christentum Vergegenwärtigung vorgestellt und vollzogen wird. Im Unterschied zur
mythischen Dauerpräsenz göttlicher Mächte (oder auch zum jahreszeit-
lichen Rhythmus ihrer Wirksamkeit) ist im christlichen Glauben das
Göttliche selbst Teil der Zeit geworden – im Menschen Jesus von Nazareth als dem Sohn Gottes. Und mehr als das: Gott selbst hat sich in
der Gestalt seines Sohnes dahingegeben wie im Opfer. Eben diese Verbundenheit des in der Geschichte sich selbst hingebenden und sich auf
diese Weise unbedingt geltend machenden Gottes mit der Vergegenwärtigung in Essen und Trinken ist im Abendmahl aufbewahrt. Damit
wird Gottes Gegenwart im Mahl Jesu Christi re-präsentiert und also
unter den Menschen vergegenwärtigt.

Der Zusammenhang dieser drei Momente – Gottes Sein in der Zeit,
Gottes Selbsthingabe und das Mahl des Sohnes – kann noch genauer
verstanden werden. Gott ist Mensch in der Zeit: Jesus von Nazareth,
der Sohn Gottes, unterliegt den Erhaltungsbedingungen menschlichen
Lebens, er muß essen und trinken und ist auf Verläßlichkeit angewie-
sen. Aber kann das absolut Geltende geschichtlich präsent sein? Der
Widerspruch gegen die unmittelbare Vergegenwärtigung Gottes unter
den Menschen, der sich gegen Jesus richtet, ist in gleicher Weise Aus-
druck der grundsätzlichen und immer wieder stattfindenden Infrage-
stellung von Verläßlichkeit unter den Menschen („das Leiden der Ge-
rechten") wie Ausdruck der sich darin zeigenden Nichtanerkennung
Gottes („sein wollen wie Gott"); und genau beides meint der Ausdruck
‚Sünde'. Insofern hat die menschliche Sünde Jesus ans Kreuz gebracht.
Die entscheidende Erfahrung ist nun, daß Gott diesen Aufstand der
Sünde gegen sich selbst erträgt: Jesus stirbt, und mit ihm stirbt Gottes
Unberührbarkeit durch die Sünde; so gibt Gott sich selbst hin. Jesus

wird auferweckt, und damit stirbt die Sünde; was jetzt gilt, ist die universale Herrschaft Gottes, der sich selbst hingegeben hat. Wer von dieser Wende in Gott selbst erreicht wird, dem sind seine Sünden vergeben. Wem seine Sünden vergeben sind, der wird frei von der Last der Vergangenheit, die ihm die Zukunft versperrt. Sündenvergebung ist die entscheidende Brücke zwischen Vergangenheit und Zukunft, Sündenvergebung ist absolute Gegenwart, die aber selbst vergegenwärtigt werden muß. Genau das geschieht im Abendmahl als dem Mahl Jesu Christi, in dem der Sinn und die Wahrheit seines Lebens und Sterbens in den Vollzug von Essen und Trinken gefaßt sind. Im Essen und Trinken beim Abendmahl ist die letzte Vergangenheit vergeben (‚Erbsünde‘) und die letzte Zukunft bestimmt (‚Endgericht‘); es ist selbst „Mitte der Zeit", absolute Gegenwart.

In der Geschichte des Christentums hat dieses im Abendmahl verankerte Grundgeschehen stets das religiöse Leben bestimmt – aber in verschiedener Gestalt. Dabei hängt die Verschiedenheit der Gestalten einmal mit historischen und religionsgeschichtlichen Umständen zusammen, unter denen die Kirche existiert; sie ist aber auch davon bestimmt, wie Menschen sich verstehen, und dieses Verständnis bildet sich nicht zuletzt am Abendmahl aus. Das Verständnis des Abendmahls hat also selbst eine Geschichte. Weil das Abendmahl aber immer im Zusammenhang einer religiösen Gemeinschaft stattfindet, sind solche Verständnisweisen nicht völlig individuell, sondern prägen sich in unterschiedlichen Typen aus, die die im Abendmahl versammelten Momente verschieden gewichten. Mindestens drei Grundformen der Vergegenwärtigung lassen sich im abendländischen Christentum unterscheiden.

Die eine heißt: Das Opfer als Erinnerung. Vorausgesetzt ist, daß durch das Kommen des Göttlichen in die Zeit, ja sein Eingehen in die Zeit eine kontinuierliche Gemeinschaft begründet worden ist, die ihren definitiven Bestimmungsakt im Kreuzesopfer selbst besitzt, in welchem sich Jesus als der Sohn dem Vater hingegeben hat. Damit hat er die Kirche gestiftet, in der alle leben, die ihr durch die Taufe inkorporiert sind. Sie sind alle zusammen der historische Leib Christi, das Erbteil des Auferstandenen, dessen Kontinuität dadurch erhalten wird, daß genau das Opfer, das Christus an sich selbst und gründend vollzogen hat, nun durch seine Gemeinde nach-vollzogen wird. Das Opfer der Kirche ist insofern der Akt der Vergegenwärtigung der ursprünglichen Gegenwart unter den Bedingungen der geschichtlichen Zeit. So wie sich Christus dem Vater hingegeben hat, so gibt sich – in seinem Namen und in seiner Nachfolge – die Kirche Gott hin. Die lebendige Erinnerung an den absolut gründenden Anfang geschieht in der Repräsentanz des wiederholten Opfers. Es leuchtet sofort ein, daß die Realität der Opfergaben der Kirche mit der Realität des Selbstopfers Christi identisch sein muß: korporale Realpräsenz ist unerläßlich. Es leuchtet auch ein, daß dieses Opfer nur diejenigen vollziehen können, die von der gesamten Kirche bzw. ihrer Leitung in der geschichtlichen Nachfolge des Stifters selbst, Christus, dafür bestimmt und geweiht sind. Es leuchtet weiter ein, daß der regelmäßige tägliche Vollzug des Opfers die reale Existenzbedingung der fortwährenden Präsenz Christi in seiner Kirche ist; das Opfer der Kirche ist die Übung des Gehorsams gegenüber dem auferstandenen und zugleich in seiner Kirche präsenten Herrn, es allein sichert die Christusförmigkeit der Kirche. Wie im klassisch-archaischen Opfer auch ist der Vollzug des Opfers selbst begrifflich von dem Mahl des Opfers zu unterscheiden; die Teilhabe am Mahl ist gerade nicht das Opfer, die Handlung selbst; darum kann auch durchaus zwischen den Elementen des Opfers selbst, die so real wie vollständig re-präsentiert werden müssen, und den Gaben der Kommunion unterschieden werden. Die – umfangsmäßige, nicht qualitative! – Differenz zwischen den vollständigen Opfergaben (Brot und Wein als Leib und Blut) und den Mahlgaben (Brot als Leib) sichert sogar das logische Gefälle zwischen dem absoluten Geltungsbereich der Maßstabsetzung und ihrer Anerkennung und Aufnahme unter den Gläubigen.

Die bleibende Undeutlichkeit dieses Modells liegt auf der Hand. Sie besteht in dem nicht aufzuklärenden Verhältnis zwischen dem ursprünglichen setzenden und dem erinnernden und so re-präsentierenden Opfer. Denn seiner Geltung nach zehrt das re-präsentierende Opfer allein vom grundlegenden; seinem Vollzug nach aber besitzt es eigene Dignität als Opfer, sofern es eben als leibhafte Vergegenwärtigung mehr ist als bloße Erinnerung. Diese Spannung kann nur gemildert werden durch die Annahme einer fortwährenden Existenz Christi in seiner Kirche; insofern ist es in der Gestalt der Kirche Christus selbst, der seine Erinnerung als Selbstopfer wiederholt. Doch auch dieser Mittelgedanke löst die Probleme nicht, denn es erwächst eine neue Spannung zwischen der begrifflich vom Vollzug des Opfers zu unterscheidenden Präsenz Christi in der und als Kirche – und seiner Präsenz im Abendmahl. Sie läßt sich wiederum nur dadurch beheben, daß es im

Grunde doch die schon bestehende Kirche ist, die das Abendmahl als die sie gründende Erinnerung wiederholt. Die Kirche verwaltet das Abendmahl (und teilt es dann auch aus) als erinnernden und konstituierenden Vollzug ihrer selbst. „Il Signore riceva dalle tue mani questo sacrificio a lode e gloria del suo nome, per il bene nostro e di tutta la sua santa Chiesa" („Der Herr empfange aus deinen Händen dieses Opfer zu Lob und Ehre seines Namens, zu unserem Heil und zum Heil seiner ganzen heiligen Kirche") – so eröffnet die Gemeinde, den Priester (sacerdote) anredend, noch heute regelmäßig die Eucharistische Liturgie im italienischen katholischen Gottesdienst.

Daß das Abendmahl der Gemeinde *kein* Opfer sei – das ist die Grundüberzeugung der Reformation in allen ihren Gestalten. Man sieht, wenn man sich den Zusammenhang des Abendmahls als wiederholtes Opfer so wie eben klarmacht, daß damit etwas anderes gemeint ist als unser modernes Bewußtsein vermutet; nicht die Untauglichkeit einer archaisch-blutrünstigen Kategorie wird hier behauptet zugunsten einer neuen Innerlichkeit des Glaubens – es werden die bisherigen Grundfesten des kirchlichen Selbstverständnisses in Frage gestellt. Denn es wird behauptet, daß das Opfer, das die Kirche gründet, nur einmal und ein für alle Mal geschehen sei – was jede Art von Wiederholung ausschließt. Damit fällt aber auch die Kirche als diejenige Institution dahin, die aufgrund ihrer Christusförmigkeit das Opfer darbringt. Allerdings steht dann sofort die Frage an, wie denn die für die Repräsentanz des Geltenden unerläßliche Vergegenwärtigung stattfinden soll. Und genau an dieser Stelle unterscheiden sich die Wege von Zürich und Wittenberg.

Der Zürcher Weg heißt: Erinnerung statt Opfer. Das eine Opfer Christi ist unwiederholbar – es sichert sich aber gerade aufgrund seiner Einmaligkeit auch seine eigene fortwährende Präsenz, nämlich im Glauben. In der Gestalt des Glaubens eben hat sich das Geschehen der göttlichen Vergebung seine Form der Anwesenheit gegeben. Darum ist die Reichweite der Vergebung so weit wie das Wort erschallt, das sie repräsentiert und Glauben weckt. Re-präsentanz von geltender Gegenwart geschieht darum überall und überall ausreichend da, wo der Glaube als Präsenzgestalt befördert wird. Vornehmlich im Wort, das ja für den Sinn des Geschehens auch aller Handlungen einsteht, der religiösen wie der moralischen; und die Gewähr für die Zuverlässigkeit des Glaubens ist der Geist, der als Geist des auferstandenen Jesus Christus unseren Geist mit ihm verbindet. Der Triftigkeit und Gültigkeit des

Glaubens wird darum nichts, aber auch gar nichts hinzugefügt, wenn in aller Treue zum im Glauben gegenwärtigen Herrn auch das Abendmahl, in seiner Erinnerung, gefeiert wird. Es ist eine Konkretion des Geltenden in das eigene leibliche Leben hinein, sozusagen die leibhafte Resonanz geistlicher Bestimmung. Darum hat das Abendmahl durchaus Anteil an der Präsenz des Geltenden im Geist, wiewohl es diesem nachfolgt. „Im Anschluß an den Gottesdienst feiern wir das Abendmahl", so konnte es noch in den sechziger Jahren des 20. Jahrhunderts im Rheinland zu hören sein. Wenn die Grundlegung des Glaubens durch das Wort erfolgt ist, dann kann auch die Verleiblichung im Essen dazutreten – für alle, die das jetzt und hier sichtbar machen wollen.

Der Wittenberger Weg heißt: Stets neue Selbstvergegenwärtigung. Natürlich: Das eine Opfer schließt alles spätere Opfer, und sei es noch so abgestuft vorzustellen, aus. Aber es reicht nicht aus, den Opfercharakter des Abendmahls zu bestreiten und die Erinnerung, und sei es die vom Geist erfüllte, beizubehalten. Denn diese Aufteilung läßt noch unterbestimmt, was denn im Kreuzesopfer vor sich gegangen ist: nicht weniger als die Vollendung der Einheit von Gott und Mensch. Gott wird Mensch: nicht nur in Menschengestalt und auf der Erde wandelnd, sondern im Tod Jesu. Darin, nicht allein in der Verkündigung des Reiches Gottes, erreicht er den Menschen als Sünder und bringt ihn in eine unverbrüchliche Gemeinschaft mit sich. Dieses Geschehen ist so absolut konstitutiv, daß es nicht nur eine Wiederholung ausschließt, sondern auch einen Übergang in einen Glauben unmöglich macht, der nicht sofort Leib und Seele zugleich bestimmt. Darum schließt das Wort vom Kreuz als der Vollendung der Einheit von Gott und Mensch die Handlung des Abendmahles mit ein, in der sich – durch das Wort Christi bestimmt – diese seine Gegenwart ins Essen und Trinken hinein gegenwärtig macht. Das Glauben weckende Wort verleiblicht sich zugleich als Mahl. Es gibt eben Christi Wort als Wort des Evangeliums nicht ohne sein Mahl, in dem er als der, der er in Wahrheit ist, auch wirklich anwesend ist. Im Abendmahl als Gestalt des Wortes ereignet sich so der Gründungsakt neubestimmten menschlichen Lebens stets aufs Neue – in der allein durch Christus gewährten Kontinuität seiner vollen menschlichen und darin gottmenschlichen Gegenwart. Das ist der Sinn von „realer Gegenwart Jesu Christi" in Luthers Auffassung – und man sieht, daß dies aus Gründen der religiösen Systemlogik eine ganz andere Bedeutung hat als die im ersten Modell notwendig anzunehmende Realpräsenz. Weil Christus sich selbst vergegenwärtigt in Wort und Mahl, geschieht in Wort und Mahl aber auch dasselbe,

Wort und Mahl, geschieht in Wort und Mahl aber auch dasselbe, nämlich eine unmittelbare Konfrontation mit Gott, die die Erkenntnis unserer Sünde und die Erfahrung unserer Errettung in sich schließt. Genau
das aber gilt es auch in der Liturgie darzustellen. Darum bilden die
Einsetzungsworte des Abendmahls als Selbstverkündigung Jesus Christi den bestimmenden Rahmen für das gemeinsame Essen und Trinken,
das insofern Jesu Christi Gegenwart selbst ist.

Die Unterscheidung von Typen und Ausprägungen der Vergegenwärtigung Christi im Abendmahl kann die mögliche Verschiedenheit
christlicher Vorstellungs- und Vergemeinschaftungsformen veran-
schaulichen. Es zeigt sich, daß die beiden reformatorischen Positionen
insofern tatsächlich näher beieinander stehen, als sie mit einer Selbstvergegenwärtigung Christi ohne den Mittelgedanken der das Abendmahl als Opfer feiernden Kirche rechnen. Hinsichtlich der Frage nach
der Art und Weise dieser Selbstvergegenwärtigung aber besteht zwischen ihnen Klärungsbedarf. Was die kleine Typologie aber auch zeigt,
ist der Sachverhalt, daß es vom Christlichen, im Lauf der Geschichte
gewachsen, unterschiedliche Auffassungen gibt, die sich, als kirchliche
Gestaltungen, eine konfessionell und rituell dauerhafte Form gegeben
haben. Diese Formen sind nicht einfach zu reduzieren – schon gar nicht
allein durch „Lehrgespräche" –, und sie müssen auch gar nicht unbedingt reduziert werden. Worauf es ankommt, ist, das Grundverständnis
in jeder konfessionellen Gestalt zu begreifen – als eine Weise, wie die
Präsenz Christi als des absolut Geltenden sich verwirklicht. Was dann
freilich allerdings zu entscheiden ist, ist die Frage, welcher dieser Prä-
senzformen sich ein jeder, eine jede als Christenmensch zugehörig
weiß und verbunden wissen kann – aus Herkunft, aber auch mit Überzeugung. In einer Zeit, in der die eigene Wahl der Form christlichen
Lebens ein höheres Gewicht gewonnen hat als in früheren Zeiten, dürfte es in dieser Hinsicht eine Aufgabe der Kirchen sein, ihr Verständnis
vom Abendmahl so konsequent wie möglich theologisch zu entfalten,
vor allem aber: auch liturgisch zu gestalten. Die römisch-katholische
Kirche, das sei ihr zum Ruhme gesagt, läßt es daran nicht fehlen. Zu
weiterer Klarheit in den evangelischen Kirchen anzuregen, ist nicht die
geringste Absicht dieses Büchleins.

Reinhard Schwarz

Selbstvergegenwärtigung Christi
Der Hintergrund in Luthers Abendmahlsverständnis[1]

Unsere Aufgabe

Wer in Marburg über Luthers Abendmahlsverständnis spricht, kann dessen Streit mit Zwingli über die Abendmahlsfrage nicht übergehen. Jener Streit war auf beiden Seiten belastet durch harsche Polemik, die nicht frei gewesen ist von persönlicher Verunglimpfung. Das erschwert den Zugang zu den theologischen Argumenten. Wir sollten uns hüten, die alte Polemik noch einmal aufzuwärmen. Wir haben vielmehr die Aufgabe, die theologischen Elemente des Abendmahlsverständnisses beider Kontrahenten freizulegen und die polemischen Beimischungen beiseite zu lassen. Selbst die theologische Argumentation hat im Streit ihren eigenen inneren Zusammenhang verdeckt; einzelne Gesichtspunkte bekamen Übergewicht und gerieten so sehr in den Vordergrund, daß sie andere, nicht weniger wichtige Gedanken in den Hintergrund schoben. Darunter haben auch Luthers Schriften im Streit mit Zwingli gelitten. Sein Gesamtverständnis vom Abendmahl ist in diesen Schriften nicht leicht zu erkennen, doch haben wir danach zu fragen, wie das Abendmahl als ein Geschehen zu betrachten ist, das von einem Sinnzentrum getragen wird. Bereits 1520/21 steht hinter Luthers Kritik an der römisch-katholischen Abendmahlslehre ein neues Gesamtverständnis, das er auch später in der Auseinandersetzung mit Zwingli nicht preisgegeben hat. Wenn wir den Hintergrund seiner Abendmahlslehre ausleuchten, könnten die polemischen Verzerrungen im Gefolge des einstigen Streites verschwinden und den Blick freigeben für eine sachgemäße Gesamtperspektive.

Unter dem Begriff „Selbstvergegenwärtigung Christi" geht es mir um den Kerngedanken, der Luthers Abendmahlslehre auch in der Kontroverse mit Zwingli zusammengehalten hat. „Selbstvergegenwärtigung" ist gewiß kein schönes Wort. Um jedoch Luthers Abendmahlslehre mit einem Begriff zu kennzeichnen, habe ich bis jetzt kein besseres Wort finden können. Es wird hoffentlich dazu helfen, uns Luthers

---

1 Den Vortrag beim Studientag der Luther-Gesellschaft, am Freitag, 26. Sept. 2003, in der Alten Universität in Marburg habe ich, zum Teil angeregt durch die anschließende Aussprache, für den Druck überarbeitet und erweitert. Trotzdem konnte nicht auf die Sekundärliteratur eingegangen werden.

Abendmahlsverständnis aufzuschlüsseln. Es bezeichnet – das ist zu beachten – einen Vorgang, ein Geschehen, keinen Zustand.

1. Die Abendmahlsworte Jesu

Zuallererst fordert Luther entschiedene Konzentration auf die Abendmahlsworte Jesu. Im „Sermon von dem neuen Testament, das ist von der heiligen Messe", in dem er 1520 seine reformatorische Abendmahlslehre zum ersten Mal pointiert vorträgt, beginnt er den Hauptteil seiner Ausführungen mit einem konzentrierten Einsatz bei dem Brot- und Kelchwort Jesu unter Absehen von allem liturgischen Beiwerk; er schreibt[2]: „Wöllen wir recht meß halten und vorstahn, ßo mussen wir alles faren lassen, was die augen und alle synn in dißem handel mugen [:können] zeygen und antragen [:an uns herantragen], es sey kleyd, klang, gesang, tzierd, gepett, tragen, heben, legen, odder was da geschehen mag yn der meß, biß das wir zuvor die wort Christi fassen und wol bedencken, damit [:mit denen] er die meß volnbracht und eyngesetzt und uns zuvolnbringen bevolhen hatt, dan darynnen ligt die meß gantz mit all yhrem weßen, werck, nutz und frucht, on wilche nichts von der meß empfangen wirt."[3] Es folgen in großem Fettdruck die Mahlworte[4]: „Nemet hyn und esset, das ist mein leychnam [:Leib], der fur euch geben wirt. Nemet hyn und trinckt darauß allesampt, das ist der kilch des newen und ewigen Testaments yn meynem bluet, das fur euch und für viele vorgossen wirt zuvorgebung der sund." Anschließ-

---

2   Sermon von dem neuen Testament, d. i. von der heiligen Messe, 1520, WA 6, 355,21–28. Vgl. vorher im einleitenden Teil WA 6, 354,21–32. – Bei Luther- und Zwingli-Texten werden im folgenden Vokale mit darüber gesetztem kleinem e nach moderner Schreibweise als Umlaute wiedergegeben.

3   Die gleiche Konzentration auf die Christus-Worte fordert Luther in De captivitate babylonica ecclesiae, 1520, WA 6, 512,26–35; denn nur in den Herrenworten und sonst nirgends liege „vis, natura et tota substantia Missae". Die von Luther dann – ebd. 512,37 – 513,5 – zitierten Einsetzungsworte sind eine Kombination aus Mt 26,26–28, Lk 22,19 f; 1Kor 11,24 f.

4   Serm. v. d. neuen Testament, 1520, WA 6, 354,28–32. Beim Kelchwort hält Luther hier noch an dem Hebr 13,20 entlehnten Zusatz „und ewigen" fest, der im römischen Meßformular üblich war, während er andere Worte, die im neutestamentlichen Abendmahlsbericht nicht überliefert sind, sicherlich deshalb weggelassen hat, weil sie nach seinem Urteil nicht biblisch gedeckte Zutat waren. Der Wegfall des Anamnesemandats bildet ein eigenes Problem; siehe unten.

end betont Luther[5]: „Diße wort muß ein yglicher Christen in der meß fur augen haben und fest dran hangen, als an dem haubtstück der meß." Die Worte Christi zu Brot und Kelch sind das Wesentliche beim letzten Mahl Jesu oder, wie Luther auch sagen kann, bei der Messe Christi; auf diese Worte hat sich die Abendmahls- oder Meßfeier der Kirche zu stützen. Alles andere, was zum kirchlichen Abendmahlsritus gehört, muß bei der Frage nach dem Wesen des Abendmahls zurücktreten. Zweicrlei ist an dieser für Luther grundlegenden Fassung der Abendmahlsworte Christi bemerkenswert.

Erstens: Sowohl beim Brot- als auch beim Kelchwort bilden die Aufforderung „Nehmt hin" usw. und die anschließenden Satzteile „das ist" usw. eine Einheit. Das ist ungewöhnlich und hier besonders auffällig, weil Luther sogar die Worte wegläßt, die im Neuen Testament ganz knapp berichtend den beiden Herrenworten vorausgehen und denen in der mittelalterlichen Meßinterpretation die Aufforderungen „Nehmt hin" usw. angehängt wurden. Die Berichtsworte waren im mittelalterlichen Meßkanon so abgeändert, daß sie die Verbindung herstellten mit dem Gebetskontext des Canon missae und damit auch das Stiftungsmahl Jesu zu einer priesterlichen Kulthandlung umformten. Der traditionelle Text lautete bis zur Liturgiereform nach dem zweiten Vaticanum[6]:

Qui pridie quam pateretur, accepit panem in sanctas ac venerabiles manus suas et elevatis oculis in caelum ad te Deum Patrem suum omnipotentem, tibi gratias agens, benedixit, fregit, deditque discipulis suis dicens: Accipite et manducate ex hoc omnes. Hoc est enim corpus meum.	Er nahm am Abend vor Seinem Leiden Brot in Seine heiligen und ehrwürdigen Hände, erhob die Augen gen Himmel zu Dir, Gott, Seinem allmächtigen Vater, sagte Dir Dank, segnete es, brach es und gab es Seinen Jüngern mit den Worten: Nehmet hin und esset alle davon: Das ist Mein Leib.
Simili modo postquam caenatum est, accipiens et hunc praeclarum Calicem in sanctas ac venerabiles manus suas: item tibi gratias agens, benedixit, deditque	In gleicher Weise nahm Er nach dem Mahle auch diesen wunderbaren Kelch in Seine heiligen und ehrwürdigen Hände, dankte Dir abermals, segnete ihn

---

5 Ebd. WA 6, 355,33 f.

6 Lateinischer und deutscher Text nach: Das vollständige Römische Meßbuch ... im Anschluß an das Meßbuch von Anselm Schott O.S.B.; Freiburg 1953, 475 f.

discipulis suis, dicens: Accipite et bibite ex eo omnes. Hic est enim Calix Sanguinis mei, novi et aeterni testamenti: mysterium fidei: qui pro vobis et pro multis effundetur in remissionem peccatorum. Haec quotiescumque feceritis, in mei memoriam facietis.[7]

und gab ihn Seinen Jüngern mit den Worten: Nehmet hin und trinket alle daraus: Das ist der Kelch Meines Blutes, des neuen und ewigen Bundes – Geheimnis des Glaubens –, das für euch und für viele vergossen wird zur Vergebung der Sünden. Tuet dies, sooft ihr es tut, zu Meinem Gedächtnis.

Die mittelalterliche Interpretation des Meßtextes legte alles Gewicht auf die mit „Hoc est" bzw. „Hic est" beginnenden Brot- und Kelchworte. Diese Worte wurden als die absolut notwendigen Konsekrationsworte formal und essentiell von den anderen Herrenworten abgehoben.[8] Die Konjunktion „enim" verdeutlichte diese Zäsur innerhalb von Brot- und Kelchwort. Man wußte, daß dieses „enim" Zutat der kirchlichen Tradition war, hielt es jedoch für gerechtfertigt. Man schrieb es der mündlichen Jesus-Tradition zu und war bereit, ein absichtliches Weglassen als Sünde zu bewerten.[9] Hält man sich die traditionelle Behandlung der Mahlworte vor Augen, dann erkennt man den kühnen Schritt Luthers, wenn er 1520 Brot- und Kelchwort als Einheit betrachtet und stillschweigend auch das „enim" wegläßt.

Zweitens: Weil Luther den ganzen theologischen Sinn des letzten Mahls Jesu dem Brot- und dem Kelchwort entnimmt, kann er bei dieser ersten grundlegenden Entfaltung seines Abendmahlsverständnisses – außer den rein berichtenden Wendungen – sogar das Anamnesemandat

---

7   Ebenso lautet der lateinische Text bei Gabriel Biel, Canonis missae expositio, hrsg. von Heiko A. Oberman und William J. Courtenay, Bd. 2, Wiesbaden 1965, S. VI wiedergegeben im Überblick für Lect. 34 – 53; vgl. Die älteste deutsche Gesamtauslegung der Messe, hrsg. von Franz Rudolf Reichert, Münster 1967 (CCath 29) 183,6–10 / 17–21; 141,3; 148,7–13 / 15–22 (zerstückelter lateinischer Text mit deutscher Übersetzung).

8   G. Biel (wie Anm. 7), Bd. 2, S. 70 ff Lect. 38, v.a. G 39 f, H 5–16, K 3–16.

9   Die älteste deutsche Gesamtauslegung der Messe (wie Anm. 7), S. 142,3–12: „Nun setzt man das wort *enim* hinzu ... Das wort *enim* wirt nicht gefunden in dem ewangelio; und darumb: ob der priester allein die vier wort sprech *hoc est corpus meum*, es wuerd dennoch da das heilig sacrament. Aber der priester suendet groeßlich, der es verdechtlich [:absichtlich] thet und es mit willen außließ, wann [:denn] wir gelauben, das Christus selbs gesetzt hab, wie wol es das ewangelium auß lat [:ausläßt]. Aber es ist also gefunden worden in dem meßbuch sancti Petri zu Rom und also hat es nun die kirch auff gesetzt und geboten zu sprechen die fuenf wort: *Hoc est enim corpus meum*." Über die Sündhaftigkeit eines Auslassens des „enim" schweigt G. Biel (wie Anm. 7), Bd. 2, 75 Lect. 38 F12–14; vgl. 83 Lect. 38 O5 f. Zu Luthers Kritik s.u. Anm. 24.

weglassen. Er hätte sich damit begnügen können, den Mahlbericht von jenen Zusätzen zu reinigen, die der Handlung den Charakter einer priesterlichen Kulthandlung gaben. Die äußerste Konzentration auf das Brot- und Kelchwort Jesu macht jedoch erst recht deutlich, daß seine theologische Reflexion sich ausschließlich auf diese Worte stützt.

Warum verzichtet er sogar auf das Anamnesemandat? Ist das ein Zufall oder Absicht? Ein Zufall scheint es mir nicht zu sein, weil das Ganze offenkundig sehr absichtsvoll formuliert ist. Luther betrachtet die Worte Jesu bei seinem letzten Mahl als die Grundlage aller christlichen Herrenmahlfeiern. Um auf Grund der Herrenworte das letzte Mahl Jesu in seinem Wesen zu erfassen, ist jetzt für Luther das Anamnesemandat entbehrlich, weil er es offensichtlich nicht zum essentiellen Kern der Mahlworte Jesu rechnet. Es kann ausgeklammert werden; es muß sogar ausgeklammert werden, wenn eindeutig sein soll, daß die theologische Interpretation der Mahlworte nicht auf den Begriff „memoria" Bezug nehmen muß. In der mittelalterlichen Meßtheologie hingegen bestimmt das Memorialmandat die Interpretation der Mahlworte. Denn das letzte Mahl Jesu wird dort als die priesterliche Konsekrations- und Opferhandlung verstanden, mit welcher Jesus das Altarsakrament als Konsekrationshandlung eingesetzt und dabei zugleich mit dem Memorialmandat den Aposteln und deren Nachfolgern die priesterliche Konsekrationsvollmacht verliehen hat. So heißt es in der „ältesten deutschen Gesamtauslegung der Messe" zum Memorialmandat: „da machet er seine lieben jungern zu priesternn ... Und gab in [:ihnen] den gewalt, fuerbaß messe zu lesen, priester zu weyhen, ... als ob er sprech: als oft ir fueran hin messe lesen werdent und mich nyessen seyt in dem heyligen sacrament ..., als offt thund es in meyner gedechtnuß; das ist, das ir mein leyden und mein sterben betrachten seyt und in ewrem hertzen tragen seyt."[10] Ähnlich äußert sich Gabriel Biel[11]; indem Christus mit dem Memorialmandat den Aposteln die Konsekrationsvollmacht übertragen habe, sei das Altarsakrament gestiftet worden als Memorialhandlung zur Vergegenwärtigung des Kreuzesopfers Christi.[12] Die Vergegenwärtigung des Opfertodes Christi

---

10 Die älteste deutsche Gesamtauslegung der Messe (wie Anm. 7), S. 154,4–16.

11 G. Biel (wie Anm. 7), Bd. 2 S. 333 Lect. 53 X 29–34: „haec verba ... prolata sunt a Christo duntaxat ad apostolos, et in ipsis ad quoslibet eorum legitimos successores ... Hic eos in sacerdotes ordinasse creditur, et ipsis potestatem consecrandi contulisse."

12 G. Biel (wie Anm. 7), Bd. 2, S. 331 Lect. 53 U 6–12: „‚Haec quotienscunque feceritis' id est consecraveritis sive obtuleritis haec, scilicet corpus et sanguinem, ‚in mei memoriam facietis'. Haec quidem una causa fuit institutionis sacramenti huius in ecclesia militante, ut ipsum esset signum memoriale et repraesentativum istius summi sacrificii

wird von den einzelnen Autoren unterschiedlich nuanciert.[13] G. Biel
stellt ausdrücklich fest, die sakramentale Opferhandlung im Gedenken
an Christi Tod sei keine Wiederholung (reiteratio), sondern eine Vergegenwärtigung (repraesentatio) des Kreuzesopfers Christi.[14] Differenzen in der Interpretation der sakramentalen Anamnese berühren jedoch
nicht die einhellige Ansicht, daß mit dem Anamnesemandat die Jünger
Konsekrationsvollmacht erhalten haben und zugleich das Altarsakrament als kultisches Gedenken an das Opfer Christi gestiftet worden sei.

Daß Luther 1520, als er zum ersten Mal das letzte Mahl Jesu ohne
die Übermalungen der kirchlichen Tradition freilegen will, das Anamnesemandat stillschweigend aus den Mahlworten ausklammert, geschieht, wie andere, bald folgende Texte bestätigen, offenbar mit voller
Absicht. In Luthers eingehender Behandlung des Abendmahls in *De
captivitate babylonica ecclesiae*, 1520, wird das Anamnesemandat
zwar erwähnt, doch hat es in der Abendmahlsdeutung keine tragende
Funktion, vielmehr wird es unbetont in das neue Abendmahlsverständnis integriert. Denn Leib und Blut Christi sind im Abendmahl Gedenkzeichen (signum et memoriale) zur Bekräftigung des Zusagewortes,
wie auch Jesus selbst in seinem letzten Mahl darauf hinweist, daß er
seinen Leib dahingeben und sein Blut vergießen will zur Bekräftigung
seiner Heilszusage. In jeder Mahlfeier der Gemeinde sind die Mahlgaben – auf Grund des Mahlwortes Christi, nicht auf Grund einer priesterlichen Anamnese – Gedenkzeichen der Hingabe Christi und verur-
sachen Lob und Dank für die reich austeilende Liebe Christi.[15] Dieses
Gedenkzeichen unterstützt den Heilszuspruch, dem der Primat zu-

---

litante, ut ipsum esset signum memoriale et repraesentativum istius summi sacrificii
quod Christus obtulit in cruce, in qua sustinuit mortem in corpore, et sanguinem fudit in
pretium redemptionis nostrae."

13 Vgl. Die älteste deutsche Gesamtauslegung der Messe (wie Anm. 7), S. CXI–CXIII die
Ausführungen des Herausgebers.

14 G. Biel (wie Anm. 7), Bd. 2, S. 332 Lect. 53 U 23–27: „unum est sacrificium quod
obtulit Christus, et quod nos offerimus, quamvis non eodem modo offeratur. Ab ipso
quidem oblatum est in mortem, a nobis non in mortem …, sed in mortis recordationem
offertur a nobis. Unde nostra oblatio non est reiteratio suae oblationis, sed repraesentatio."

15 De captivitate babylonica ecclesiae, 1520, WA 6, 515,22–26 (in einer Paraphrase der
Mahlworte Christi): „ut certissimus de hac mea promissione irrevocabili sis, corpus
meum tradam et sanguinem fundam, morte ipsa hanc promissionem confirmaturus et
utrunque tibi in signum et memoriale eiusdem promissionis relicturus. Quod cum fre-
quentaveris, mei memor sis, hanc meam in te charitatem et largitatem praedices et lau-
des, et gratias agas."

kommt, wie ebenso in der Taufe die Zeichenhandlung die Heilszusage zusätzlich unterstreicht.[16]

In seiner Schrift *De abroganda missa privata* bzw. *Vom Mißbrauch der Messe,* 1521, beginnt Luther seine theologische Auswertung der Einsetzungsworte mit dem Anamnesemandat.[17] Das letzte Mahl Jesu stellt er jetzt als das Beispiel hin, dem die Kirche zu folgen hat, weil sie sich in allem an dem Werk Christi zu orientieren hat. So wird das A-namnesemandat zum Auftrag, das Abendmahl nach dem Vorbild des letzten Mahls Jesu zu feiern. „Anmnese" oder „Memoria" heißt nun nach der Analogie von Joh 13,15 so viel wie: dem Beispiel des letzten Mahles Jesu folgen. Das Anamnesemandat hat damit den Sinn eines Wiederholungsmandats bekommen. Die „memoria" bestimmt nicht mehr den kultischen Charakter der kirchlichen Mahlfeier. Nicht nur alles liturgische Beiwerk will Luther von gesetzlichem Zwang freihalten, er will auch „Natur und Art des Sacraments" rein aus der neuen Besinnung auf das Stiftungsmahl Jesu entwickeln, unabhängig von den traditionellen Gedanken des Opfers und der Memoria. „Nicht verdamnen wyr, das man das sacrament mit kaselln und andern cerimonien handelt, ßondern das man meynet, es sey von nötten und müsse alßo seyn, und machen gewissen darüber, ßo doch alle ding, die Christus nicht eyngesetzt hatt, frey, wilkörlich und unnöttig sind; derhallben sie auch unschedlich sind. Das man aber eyn opffer darauß macht, ist nit eyn cerimonii machen, ßondern die natur und art des sacraments gantz und gar verandern. Das ist nicht alleyn on exempell, ßondern widder das wort und exempel Christi gehandelt, das es auch Christliche freyheyt nicht entschuldigen kan."[18]

Selbst wenn er es hier nicht erwähnt, wußte er doch genau, wie im herkömmlichen Meßverständnis das Anamnesemandat dazu diente, den Gedanken des priesterlichen Memorialopfers zu stützen.

Deshalb läßt Luther 1520, als er das Wesen der „Messe Christi" von Grund auf aus den Einsetzungsworten entwickelt, das Anamnesemandat beiseite, weil ihm ein Abendmahlsverständnis aufgegangen ist, das

---

16 Ebd. WA 6, 518,10–17: „adiecit signum memoriale tantae promissionis, suum ipsius corpus et suum ipsius sanguinem in pane et vino, sicut dicit [1Kor 11,24 f] ‚Hoc facite in meam commemorationem'. Sic in Baptismo verbis promissionis adiicit signum mersionis in aquam. Ex quibus intelligimus, in qualibet promissione dei duo proponi, verbum et signum, … maior vis sita est in verbo quam signo."

17 De abroganda missa privata, 1521, WA 8, 434,32 – 436,17; Vom Mißbrauch der Messe, 1521, WA 8, 509,30 – 511,26.

18 Ebd. WA 8, 511,18–25; lat. ebd. 436,9–16.

nicht vom Gedanken einer Anamnese getragen wird, und weil der als Wiederholungsbefehl erkannte Teil der Einsetzungsworte logischerweise nicht das Wesen des Abendmahls zu bestimmen hat. Er hat ein Abendmahlsverständnis gewonnen, das nicht mehr auf eine priesterliche Konsekrationshandlung mit kultischer Vergegenwärtigung des Opfertodes Christi hinausläuft. Nach Luthers neuem Verständnis hat Jesus mit seinem letzten Mahl das Abendmahl der christlichen Gemeinde mit dem Sinn gestiftet, daß die Christen ihren Glauben auf die Heilszusage der Mahlworte gründen, zumal die Zusage durch die Mahlgabe bekräftigt wird.

„Do uns Christus yn seynem gedechtniß das tzu thun gepott, hatt er nichts anders von uns haben wollen, denn [:als] daß wyr uns mit der tzusagung unnd dem pfandt teglich ym glawben ubten, darumb er auch diß sacrament eyngesetzt und uns gegeben hatt; denn die seel des menschen, wenn man offt und vill diße gnadenreyche zusagung bedenckt, wirtt durch den glawben yhe [:je] mehr und mehr gemest [:ernährt].“[19] Der Begriff „memoria“ ist nun unbelastet von einem kultischen Vorverständnis der Anamnese und läßt Raum dafür, daß in der Wiederholung der kirchlichen Mahlfeier die Mahlworte Christi als Zusage mit bekräftigendem Pfand zur Stärkung des Glaubens wahrgenommen werden. Im Wiederholen der Mahlworte wird des letzten Mahles Jesu, seines Vermächtnisses, gedacht. In den erneut gesprochenen und vom Glauben aufgenommenen Mahlworten vergegenwärtigt sich Christus selbst; er bringt sich selbst in Erinnerung als der Gegenwärtige, kraft seines Wortes, nicht kraft priesterlicher Weihevollmacht.

Daß Luther in dem zuerst zitierten Text von 1520 die Mahlworte Christi in einer Kombination der vier neutestamentlichen Zeugen zitiert, entspricht dem liturgischen Brauch der Kirche, die neutestamentlichen Abendmahlstexte in harmonisierter Form zu verwenden.[20] We-

---

19 Vom Mißbrauch der Messe, 1521, WA 8, 512, 20–25; lateinisch ebd. 437,4–9: „Christus autem mandans hoc a nobis fieri in sui memoriam, plane aliud non vult, quam promissionem istam cum pignore suo frequentari ad alendam et roborandam fidem, quae nunquam satis potest roborari. In cuius solius robur et hoc sacramentum instituit et reliquit in terris. Iterata enim et assidue memorata dei promissione, tam dulci et opulenta, animus saginatur fide magis ac magis.“ – Die Kombination von Zusage (promissio) und Pfand (pignus) erklärt sich aus dem Charakter des Abendmahls als Testamentshandlung; vgl. Anm. 16 und bei Anm. 52.

20 Später hat Luthers vollständiger Abendmahlstext – Deutsche Messe, 1526, WA 19, 97,15 – 99,4 – diesen Wortlaut: „Unser herr Jhesu Christ, ynn der nacht, da er verraten ward, Nam er das brod, danckt und brachs und gabs seynen jungern und sprach: Nempt hin und esset, das ist meyn leyb, der fur euch gegeben wird. Solchs thut so offt yhrs

nig später wurde für Luther die vierfache neutestamentliche Bezeugung des letzten Mahls Jesu so wertvoll; daß er 1521 in seiner Schrift *Vom Mißbrauch der Messe* alle vier wortwörtlich zitierte.[21] In seiner großen Schrift *Vom Abendmahl Christi,* 1528, der letzten Schrift seiner Auseinandersetzung mit Zwingli, bespricht er alle vier Texte mit ihren Differenzen, um bei allen vier seine Interpretation gegenüber Zwingli und anderen zu begründen.[22]

In Luthers Augen hat es einen geistlichen Sinn, daß die Einsetzungsworte von den vier Zeugen des Neuen Testamentes nicht wortwörtlich gleichlautend wiedergegeben werden. Das sollte nach seiner Meinung eine engstirnige Buchstabengläubigkeit verhindern, die nicht merkt, „das der heylige geyst mit vleyß geordentt hat, das keyn Euangelist mit dem andern ynn den selbigen wortten ubereyn trifft.“[23] In der mittelalterlichen Kirche hatte er es hingegen erlebt, daß man es dem Priester als eine schwere Sünde anlastete, wenn er bei den Einsetzungsworten Jesu auch nur ein einzelnes Wort ausließ, selbst wenn es erst im kirchlichen Gebrauch in die Abendmahlsworte eingefügt worden war.[24] Andererseits will es Luther nicht dem Belieben einzelner überlassen, an den Abendmahlsworten zu ändern.[25]

Für die Frage nach der Selbstvergegenwärtigung Christi heißt das: Nicht der buchstäbliche Wortlaut der Abendmahlsworte bürgt dafür, daß mit diesen Worten Christus sich selbst vergegenwärtigt; denn bei

---

thut, zu meynem gedechtnis. Desselben gleychen auch den kilch nach dem abendmal und sprach: Nempt hin und trincket alle draus, das ist der kilch, eyn new testament ynn meynem blut, das fur euch vergossen wird zur vergebung der sunde; solchs thut, so offt yhrs trinckt, zu meynem gedechtnis.“

21 Vom Mißbrauch der Messe, 1521, WA 8, 506,20 – 507,5; vgl. lateinisch WA 8, 432,1–27.

22 Vom Abendmahl Christi, 1528, WA 26, 448,26 – 481,28; anschließend untermauert er seine Exegese der Mahlworte noch durch Interpretation von 1 Kor 11,27–29 (ebd. 481,29 – 487,8) und 1Kor 10,16–21 (ebd. 487,9 – 498,12/27).

23 Vom Mißbrauch der Messe, 1521, WA 8, 508,23–25; vgl. lateinisch ebd. 433,31–33.

24 Ebd. WA 8, 508,11–13.21-23; vgl. lateinisch ebd. 433,20–24. 30 f. Hier kritisiert Luther besonders am Beispiel des „enim“ die sakralrechtliche Verbindlichkeit der Konsekrationsworte. Umständlich erörtert Gabriel Biel, Canonis Missae Expositio, Bd. 2, S. 80–84 Lect. 38 L-R, bei welchen Änderungen im liturgischen Gebrauch die Konsekrationsworte ihre konsekratorische Wirkung verlieren und welche Änderungen tolerabel sind.

25 Vom Mißbrauch der Messe, 1521, WA 8, 508,13-20: „Nicht das myr wol gefiel eyns iglichen muttwil, die form des Sacraments tzu andern, ßondern das myr we thutt solche … künheytt, das die buben ... auß eygem kopff sunde machen dürffen, erschrecken nur unnd verterben die schwachen und krancken gewissen, auff das sie den geyst Christlicher freyheyt außlesschen und den gefangen geyst der forcht ynn uns erwercken.“ Vgl. lateinisch ebd. 433,24-29.

jedem der neutestamentlichen Zeugen haben die Worte Jesu den vollen
Wert der Selbstmitteilung Jesu. Die Kirche darf mit dem apostolischen
Christuszeugnis weder willkürlich noch gesetzlich umgehen. Stellt die
Kirche für den liturgischen Gebrauch eine harmonisierte Textfassung
her, so hat sie sich sorgfältig an das vierfache apostolische Zeugnis zu
halten. Doch es gilt dann auch von dem liturgischen Text des kirchlichen Gebrauchs: Nicht kraft der wortwörtlichen Rezitation im Gottesdienst geschieht die Selbstvergegenwärtigung Christi. Hingegen liegt
die Macht der Christusworte darin, daß in den apostolisch bezeugten
Christusworten des Abendmahls Christus selbst zur Gemeinde spricht.

2. Luther verficht gegenüber Zwingli die Einheit
   der Mahlworte

Luthers Konzentration auf die Mahlworte Jesu als Kern der ganzen
Mahlhandlung hat, wie wir bemerkten, zur Folge, daß das sog. Anamnesemandat zu einem Wiederholungsmandat geworden ist. Um die
Einheit der Mahlworte Jesu geht es dann auch im Streit zwischen
Zwingli und Luther, der nun gegenüber dem Zürcher Reformator dafür
eintritt, daß diese Sätze nicht in Teilsätze unterschiedlichen Charakters
zerlegt werden, sondern als einheitliche Sprechakte wahrzunehmen
sind.[26]
    Anders Zwingli; er unterscheidet im Brot- und im Kelchwort Jesu
jeweils die ersten Worte „Nehmet, esset" bzw. „trinket" von den folgenden, mit „Das ist" beginnenden Worten. In seiner letzten Abendmahlsschrift des Jahres 1527 erklärt er, das erste seien Befehlsworte,
das andere hingegen seien Worte, die eine Tatsache oder Gegebenheit
erklären.[27] Diese Aufteilung wird auch dann nicht hinfällig, wenn die
Mahlworte im Kontext des ganzen Abendmahlsberichtes betrachtet
werden. Dann werden die erklärenden Worte mit dem Anamneseman-

---

26 Gegen Zwinglis Aufteilung der Abendmahlsworte – SW 5 (CR 92), 888,13 – 892,2 (vgl.
    ebd. 523,23–34) – wendet sich Luther in Teil 1 Kap. 4 seiner Schrift Vom Abendmahl
    Christi, 1528, WA 26, 282,10 – 292,6/23. Das Wort *Bekenntnis* im Titel dieser Schrift
    bezieht sich nur auf den dritten Teil, der einen Zusatz bildet.

27 Zwingli, Daß diese Worte etc., 1527, SW 5 (CR 92), 888,13–21: „Nimm du yetz … die
    wort: ‚Nemend, essend, das ist min lychnam' zehanden …, so sichstu erstlich, das die
    zwey wort: ‚Nemend, essend' heissende wort sind. Zum andren: ‚Das ist min lychnam'
    sind gschicht- oder tätliche wort und mögend [:können] als [:so] wenig den lychnam
    Christi mit dinem glouben oder reden machen, als wenig du [ver]magst liecht machen
    darumb, daß er hatt gredt [Gen 1, 3] ‚Es werde liecht'."

dat verknüpft und werden einem zeremoniellen Befehlswort unterge-
ordnet, während die Aufforderungen „Nehmt, eßt" bzw. „trinkt" zu
einem Bestandteil des vorhergehenden, erzählenden Mahlberichts werden.

In seiner *Antwort über Straußens Büchlein*, 1527[28], gibt Zwingli eine
schematische Unterscheidung von Worten einer Verheißung, promissionis verba, einerseits und Worten einer Tat oder Tatsache, facti verba,
anderseits, wobei er diese zweite Gattung dreifach unterteilt in (1.)
„wort, die einvaltige gschicht erzellend", in (2.) „wort, die da verbie-
tend ‚Das sol man nit thu°n' " und in (3.) „wort, die gebietend: ‚Das sol
man tu°n'." Diese letzte Gattung umfaßt Worte, die entweder eine zeremonielle Handlung oder ein bestimmtes sittliches Verhalten befehlen; es sind entweder „wort, die allein ceremonisch sind", oder „wort,
die das läben oder sitten antreffend."[29] Diese Kategorien erlauben es
Zwingli nicht, die Abendmahlsworte Jesu als verba promissionis zu
verstehen; denn Verheißungsworte sind für ihn stets Worte, die etwas
Zukünftiges ankündigen, sei es in allgemeiner Hinsicht, sei es für eine
Einzelperson.[30]

Zwinglis Aufteilung der Mahlworte in zwei verschiedene Sprechakte
– in Befehlsworte und erklärende Worte – hängt damit zusammen, daß
er unter genau dieser Voraussetzung seine eigene Abendmahlslehre
verficht. Die erklärenden Worte „Das ist" etc. konnten für ihn andernfalls nur Worte sein, die im Sinn der mittelalterlichen Abendmahlslehre
eine Verwandlung von Brot und Wein bewirken oder voraussetzen. In
Zwinglis Sicht ebenso wie in der mittelalterlichen Auffassung haben
die Worte einen objektivierenden Bezug, bei Zwingli auf die signifika-
tiv zu deutenden Elemente von Brot und Wein, in der römisch-
katholischen Auffassung auf die konsekratorisch verwandelten Elemente.[31] Zwingli entgeht jene von Luther erkannte Möglichkeit

---

28 Zwingli, Antwort über Straußens Büchlin, 1527, SW 5 (CR 92), 523,23–34.
29 Ebd. 523, 32–34: „wort, die gebietend: ‚Das sol man tu°n' Sind mit underscheyd [1.]
   wort, die allein ceremonisch sind; [2.] wort, die das läben oder sitten antreffend."
30 Ebd. 524, 18–21: „‚Ich blyb by üch biß zu° end der welt' [Mt 28,20] ist ein wort der
   allgemeinen verheyssung. Und: ‚Er wirt min ußerwelts vass oder gschirr' [Apg 9,15] ist
   ein wort der verheyssung, aber einem besunderen, namlich Paulo."
31 G. Biel z.B. behandelt die Konsekrationsworte abgesondert von den vorhergehenden
   Worten; vgl. einerseits G. Biel (wie Anm. 7) Bd. 2, S. 44 ff Lect 36 F, G und andererseits ebd. S. 70 Lect 38 A 3–14 zu den Worten „Hoc est enim corpus meum": „subditur
   verborum forma quibus perficitur ipsa consecratio. Quamvis enim … Christus dominus
   … sua divina potestate panem in corpus suum convertere potuit absque verborum quo-
   rumlibet prolatione …, usus tamen est paucis certisque verbis quibus panem in corpus

direkter Rede der Zusage, bei der – in der Einheit der Mahlworte –
Christus als der Redende in seiner eigenen Zuwendung zu den Angere-
deten sich selbst mit den Elementen identifiziert. Indem Zwingli innerhalb der Mahlworte vor den mit „Das ist" beginnenden Worten eine
Zäsur setzt, hat er eine gravierende Entscheidung für seine Abendmahlslehre getroffen. Das übersehen wir leicht, weil wir zu sehr darauf
fixiert sind, daß er das prädikative „est" bzw. „ist" in signifikativem
Sinn interpretiert.

Warum hat Zwingli die Einheit eines Sprechaktes in den beiden
Mahlworten Jesu ausgeschlossen? Wie es scheint, hat er nicht so wie
Luther die Abendmahlsworte Jesu zunächst einmal ganz aus der Situation des Lebens Jesu erklärt. Er liest und hört diese Worte offensichtlich so, wie er sie im Gottesdienst verwendet und verstanden sehen
möchte. Und das letzte Mahl Jesu ist in dieser Sicht eine Vorwegnahme
des Abendmahls der Gemeinde. Vorausblickend belehrt Jesus die Jünger über den Sinn künftiger Mahlhandlungen der Gemeinde. Außerdem
sind seine christologischen Überlegungen mit im Spiel. Der erhöhte
Christus, an den die Gemeinde glaubt, kann nicht mit seinem Leib
gegenwärtig werden.

Weiterhin ist zu beachten, daß Zwingli die „Das-ist"-Worte eng mit
dem anschließenden Anamnesemandat verknüpft. So ist das Anamnesemandat für ihn ein wesentlicher Bestandteil der Mahlworte, und zwar
zielt das Anamnesemandat auf eine zeremonielle Handlung des Gedenkens an den Opfertod Christi in seiner Heilsbedeutung. In seinem letzten Mahl gibt Jesus die Anweisung zur Mahlfeier der Gemeinde als
Ausdruck ihres dankbaren Gedenkens an den Opfertod, den er auf sich
nehmen will. Zu diesem Verständnis der Mahlworte paßt dann vorzüg-
lich die signifikative Deutung des „ist".

„Es ist waar, Christus mag [:kann] nit liegen; deßhalb, do er sprach:
‚das ist min lychnam' für: ‚das ist die gedächtnus mines lychnams',
was ihm also [:war dem also], dann er satzt die ceremoniam der dancksagung synes lydens yn. Und welche noch hüttbytag [:heutzutage] die
dancksagung begond, erkennend inn [:ihn] warlich für uns gelitten
haben und lobend gott darumb, und welche das üsserlich thu°nd und

---

suum transsubstantiavit. … Nec solus ipse his verbis uti voluit in sua personali consec-
ratione, verum et apostolos quibus se primum dedit in cibum, nec tantum apostolos sed
omnes eorum in sacerdotio legitimos successores rite ab ecclesia ordinatos … His ergo
verbis contulit dominus vim consecrativam eucharistiae."

aber im hertzen die warheyt Christi nit habend, die werdend am blu°t und fleysch Christi schuldig [vgl. 1Kor 11,27].«[32]

Die erklärenden „Das-ist"-Worte versteht Zwingli als zeremonielle Tatsachendeutung, weil er sie von vornherein dem Gebot Christi, seiner zu gedenken, unterordnet. Da eine priesterliche Konsekrationsvollmacht für ihn ebenso wenig wie für Luther in Betracht kommt, erhält bei ihm die Mahlfeier den Sinn, daß die Gemeinde und die einzelnen Gläubigen als deren Glieder öffentlich sowohl Gott Dank sagen für das Heil, das er mit dem Tod Christi herbeigeführt hat, als auch ihren Willen zu einem christlichen Leben bekunden.

„Wir habend im nüwen testament nit me dann dry ceremonien: [1.] den touff ..., [2.] das nachtmal (das ein bru°derlich mass [:Mahl] ist, so man der überträffenlichen gu°tthat gottes, daß er synen sun für uns in tod hat ggeben, dancksaget und lobet, und das begond [:begehen] allein die, die sich im glouben erinneren könnend, wie Paulus leert [1Kor 11,26ff], und [3.] das uflegen oder bieten der henden, welches allein denen wirt angethon, die zu°dem predigampt verordnet werdend.«[33]

Daß die Mahlworte die gläubige Erinnerung konkret auf Leib und Blut Christi lenken, begründet Zwingli christologisch damit, daß nur die menschliche Natur Christi den Tod erlitten habe. „Und darumb so sind die wort Christi: ,Das ist min lychnam' ouch nit ze verston, das er sinen lychnam habe ze essen wellen geben, sunder ein gedächtnuß sines todes (den er allein am lychnam hat müssen tragen; dann die gottheit mag [:kann] nit sterben) yngesetzt hab.«[34]

Christus stiftete in seinem letzten Mahl die künftige Gedenkfeier der Gemeinde an seinen leiblichen Opfertod, dessen die Glaubenden dankbar als eines vergangenen Ereignisses der Heilsgeschichte gedenken. „So nun Christus mit den worten: ,Das ist min lychnam' etc. nüts anders gewellen [:gewollt] hat, weder [:als]: ,begond [:begehrt, feiert] die gedächtnus der gu°tthat, das ich minen lychnam für üch hinggeben hab,

---

32 Zwingli (wie Anm. 28), SW 5 (CR 92), 526,29 – 527,6.
33 Ebd. 528,1–9. Vgl. ebd. 528,31 – 529,6: „Also wirt ouch das nachtmal Christi nit begangen, das man da den lychnam Christi esse, sunder das die, so miteinander dancksagend umb den tod, der uns läbendig hat gemacht, ouch diß früntlich mal oder mass [:Mahlzeit] miteinander essind, damit ein ieder ouch offne kundschafft [:öffentliche Bekundung] von im [:ihm] selbs ggeben hab, daß er uff Christum truwe unnd ouch dannethin christenlich gegen den andren glideren läbe."
34 Ebd. 529,24–28.

mit danck- unnd lobsagen' etc., so mu°ß darumb nit erst ouch syn
lychnam wäsenlich oder gegenwürtig daa syn."[35]
    Wegen seiner von Luthers Promissio-Verständnis abweichenden
Auffassung von promissio[36] erklärt Zwingli nachdrücklich, die Prä-
sensform des „ist" habe nicht als Verheißung zu gelten, die ein künfti-
ges Geschehen des Gegenwärtigwerdens des Leibes Christi ankündigt.
Könne die Mahlfeier deshalb auch nicht der Stärkung des Glaubens
dienen, so sei sie ein Akt, mit dem die Gemeinde der Glaubenden ihren
Dank für das vom Leiden Christi erwirkte Heil bekundet. „Das aber
hieby drumb, das Christus also geredt, sölle fürggeben [:behauptet]
werden: wo die wort geredt oder das nachtmal Christi begangen, da
werde der lychnam Christi lyplich geessen oder gegenwürtig sin, das
sol und mag [:kann] nit sin; dann darumb ist ‚ist' ghein wort der
verheyssung. Dann Christus spricht nit: ‚Redend die wort, so wirt min
fleysch darkummen [:herzukommen]', oder deroglychen; sunder es ist
hie gar ghein verheyssends wort, weder das der lychnam daa sye noch
das in essen des nachtmals [:im Essen des N.] vestung des gloubens
[:Festigung des G.] ggeben werde."[37] Die Mahlworte Christi sind für
Zwingli eben nicht mehr als „ein ynsatz der gedächtnus des tods Christi, one alle verheyssung."[38]
    Diese Ansicht kann Luther nicht billigen. Mit Zwinglis kategorialer
Aufgliederung der Mahlworte kann er nichts anfangen. Er besteht auf
der Einheit der beiden Sätze, in denen Christus beim Reichen des Brotes und des Kelches in direkter Anrede an die Empfänger ihnen eine
Zusage seiner Heilsgegenwart gibt. Er fordert von Zwingli, er solle
„beweisen"[39], daß die Mahlworte „so von einander zu reissen weren, so
sie doch alle nacheinander fein an einem ort stehen: ‚Nemet hin, Esset,
das ist mein leib' etc., und sind allzu mal nicht unser wort, sondern
Christus selbs eigen wort."[40]

---

35 Ebd. 532,13–17.
36 S.o. bei Anm. 30.
37 Zwingli (wie Anm. 28), SW 5 (CR 92), 527,6–13.
38 Ebd. 527,19 f.
39 Luther, Vom Abendmahl Christi, 1528, WA 26, 283,28–31.
40 Ebd. 283,34 f und 284, 2–4 argumentiert Luther: Im Kontext der Aufforderung „Nehmt
    und eßt" sind auch die folgenden Worte – mit Zwingli gesprochen – „Heißelworte",
    „weil sie ynn heisselwort eingeleibet und gefasset werden ... denn es geschicht auch al-
    les, was sie lauten, aus krafft der götlichen heisselwort, durch welche sie gesprochen
    werden." Ebd. 284,5–18 folgen Beispiele, wo sog. Tatworte einem Befehlswort Jesu zu-
    geordnet sind und ihm ihre Wahrheit verdanken: 1.) Mt 21,21 – 2.) Mt 28,19 – 3.) Joh
    20,22.

Die Mahlworte Christi sind für Luther wirkende Worte, wirksam nicht kraft priesterlicher Weihevollmacht, sondern als Worte Christi; auch in der Mahlfeier der Gemeinde sind es Christi eigene Worte oder genauer Worte, die im Auftrag und in der Vollmacht Christi gesprochen werden, „weil sie allzu mal ynn seiner person und als seine eigene wort gesprochen werden."[41] So sind es Worte, mit denen Christus die Mahlgäste anredet, denen er die Mahlgaben reicht, und dabei sich selbst in seiner Lebenshingabe mit Brot und Wein identifiziert. „Heist er uns aber war reden, so muß freylich sein leib da sein ym abendmal aus krafft nicht unsers sprechens, sondern seines befelhs, heissens und wirckens. Und also haben wir denn nicht allein das erst einig [:einzige] abendmal, sondern alle andere, so [:die] gehalten werden nach befelh und einsetzunge des Herrn Christi."[42] In der Mahlfeier der Gemeinde gründet die Selbstidentifikation Christi mit Brot und Wein darin, daß er sich „an unser Sprechen" gebunden hat.[43]

„Also ists freilich war, das uns Christus nirgent hat gesagt diese buchstaben ,Yhr solt aus brod meinen leib machen'. Was ists auch von nöten? Er hat aber gesagt, wir sollen diese wort ynn seiner person und namen, aus seinem befelh und geheisse sprechen ,das ist mein leib', da er sagt ,Solchs thut'. Wir machen auch seinen leib nicht aus dem brod ... Ja, wir sagen auch nicht, daß sein leib werde aus dem brod, sondern wir sagen, sein leib, der lengest gemacht und worden ist, sey da, wenn wir sagen ,Das ist mein leib', Denn Christus heist uns nicht sagen: ,Das werde mein leib', odder ,da machet meinen leib', sondern ,das ist mein leib'."[44]

Wir werden hier daran erinnert, daß Luther – anders als Zwingli – die Aufforderung „Solches tut zu meinem Gedächtnis" auf die ganze Mahlhandlung bezieht, so daß der ganze, unteilbare Sprechakt der Mahlworte dadurch der Gemeinde zu ihrer wiederholten Feier anvertraut ist. „Darumb sagen wir, das Christus mit dem wort ,Solchs' odder ,das thut' nicht das brod essen alleine, sondern den gantzen text des

---

41 Ebd. 284,34 f.
42 Ebd. 284,35 – 285,2.
43 Ebd. 285,14–18: „wenn wir seiner einsetzunge und heissen nach ym abendmal sagen ,das ist mein leib', So ists sein leib, nicht unsers sprechens ... halben, sondern seines heissens halben, das er uns also zu sprechen und zu thun geheissen hat und sein heissen und thun an unser sprechen gebunden hat." Ebd. 287,15–18: „Sollen wir solchs thun, das er gethan hat, warlich, so müssen wir das brod nemen und segenen, brechen und geben und sprechen: ,Das ist mein leib'. Denn es ist alles ynn das heissel wort ,Solchs thut' gefasset, und wir müssen die wort nicht aussen lassen."
44 Ebd. 287,22–30.

abendmals befilhet."[45] Für die Mahlfeier der Gemeinde hat Christus
mit dem Wiederholungsauftrag sein eigenes „Sprechen" an das Sprechen des Liturgen gebunden, ohne ihm damit eine spezielle Weihevollmacht zu übertragen. Die Mahlworte richten sich in direkter Anrede an die Mahlgäste. Was Luther als einen zusammengehörigen
Sprechakt versteht, realisiert sich in einer einheitlichen Handlung, bei
der die Austeilung der Mahlgaben nicht von den Mahlworten zu trennen ist.

Hingegen in Zwinglis Sicht begeht die Gemeinde eine Mahlfeier mit
Brot und Wein als Bekenntnishandlung; dabei erinnert sie sich, gestützt
auf eine symbolische Deutung von Brot und Wein, dankbar der Heilsbedeutung des Kreuzesopfers Christi und befolgt auf diese Weise das
Anamnesemandat. Dem entspricht die Aufteilung der Mahlworte in die
zwei Sprechakte einer Mahlaufforderung und einer objektivierenden
Deutung der Mahlgaben in ihrem Symbolwert.

3. Luthers Gesamtansicht vom letzten Mahl Jesu

Zwinglis Aufteilung der Abendmahlsworte Jesu in zwei verschiedene
Sprechakte zeigte bereits, daß in seiner Sicht Jesus in seinem letzten
Mahl gewissermaßen die Mahlfeier der Gemeinde vorweggenommen
hat als eine Feier, mit der seine Jünger, und das heißt die christlichen
Gemeinden, ihre Dankbarkeit für das Heilswerk des Opfertodes Christi
öffentlich bezeugen sollen. Wie versteht Luther das letzte Mahl Jesu im
Kontext von dessen Leben und Sterben und im Hinblick auf die christ-
liche Gemeinde?

Daß Luther die Mahlworte Jesu als in sich geschlossene Rede an die
Jünger auffaßt, hängt offenkundig damit zusammen, daß er die neutestamentlichen Mahlberichte zunächst einmal im Kontext des Lebens
und Leidens Jesu betrachtet, um dann erst daraus den Sinn der Mahlfeier der Gemeinde abzuleiten. Seine neue, reformatorische Abend-

---

45 Ebd. 291,33 – 292,19. Luther fährt – mit Bezug auf Zwingli SW 5, 890,16 – 891,18 –
fort, ebd. 292,19–23: „und S. Paulus [1 Kor 11,25 f] eben auch, ob er gleich allein die
buchstaben setzt vom „brod essen, Denn er hat freylich das brod wollen essen heissen,
wie es Christus eingesetzt hat, und nicht wie der schwarm geist narret, wiewohl er ynn
den buchstaben ‚Brod essen' solche weise nicht fassen kundte. Er hatte es aber vorher
mit vielen Worten gnug geleret."

mahlsdeutung hat er anfangs (1520f) in der Weise entfaltet, daß er das letzte Mahl Jesu als eine Testamentshandlung interpretierte.[46] Wenn jemand sein Testament erklärt, ist nach Luther ein Vierfaches zu bedenken. Da ist – erstens – der Erblasser, der sein Vermächtnis erklärt, weil er seinem Tod entgegengeht. So handelt Christus in seinem letzten Mahl als ein Erblasser (testator moriturus). Der Erblasser gibt – zweitens – in schriftlicher oder mündlicher Form seine letztwillige Erklärung über sein Erbgut; diese Zusage besteht beim letzten Mahl Jesu in seinen Mahlworten; es sind die Worte der promissio, der Zusage. Was – drittens – Jesus in seinem letzten Mahl in seiner promissio als sein Erbgut mitteilt, ist Gottes Vergebung der Sünden. Sie wird allen zuteil, die der Zusage Glauben schenken, so daß – viertens – die „Christgläubigen" die Erben sind.

„Vier ding gehoren zu eym rechten, volkommen testament, Der bescheyder, die verheyssung mundlich oder schrifftlich, das erbgutt und die erben, wie denn alhie ynn dißem testament klar fur augen ist. Der bescheyder ist Christus, der sterben wil. Die verheyssung sind die wort, damit brot und weyn gebenedeyet wirt. Das erbgutt, welchs uns Christus ynn seym testament bescheyden hatt, ist vergebung der sund. Die erben sind alle Christgleubige, nemlich die heyligen, außerwelten kinder gotts."[47]

Mit der Deutung des letzten Mahles Jesu als Testamentshandlung hat Luther im Vergleich mit der mittelalterlichen Ansicht eine ganz neue

---

46 In drei Schriften hat Luther 1520/21 sein neues Grundverständnis des Abendmahls als Testamentshandlung Jesu immer mehr präzisiert: 1.) Sermon von dem neuen Testament etc., 1520, WA 6. 355,21 – 362,12 – 2.) De captivitate babylonica ecclesiae, 1520, enthält innerhalb der Behandlung des Abendmahls WA 6, 502,1 – 526,33 das neue Grundverständnis ebd. 512,26 – 514,10 – 3.) De abroganda missa privata, 1521, WA 8, 444,1 – 445,27 bzw. in der deutschen Fassung Vom Mißbrauch der Messe, 1521, WA 8, 520,33 – 523,2. Vgl. Reinhard Schwarz, Der hermeneutische Angelpunkt in Luthers Messreform, ZThK 89, 1992, S. 340–364.

47 Vom Mißbrauch der Messe, 1521, WA 8, 521,18–24, lateinische Fassung De abroganda missa privata, 1521, WA 8, 444,19–24: „Quattuor ergo integrant testamentum, Testator, Verbum vel codex nuncupationis et promissionis, Haereditas, Haeredes, quae in hoc testamento videamus. Testator Christus est moriturus, Verba testamenti sunt, quae nunc verba consecrationis vocant. Haereditas est remissio peccatorum in testamento promissa. Haeredes sunt omnes, qui credunt, nempe sancti et electi filii dei." – Durch die Gleichsetzung der „verba testamenti" mit den „verba consecrationis" will Luther, wie aus seinen Ausführungen ebd. 436,18 – 443,40 (deutsche Fassung ebd. 511,27 – 520,32) hervorgeht, keineswegs Brot- und Kelchwort wieder in je zwei Sprechakte zerreißen; er will nur sagen, die traditionell als verba consecrationis behandelten Worte sind im Duktus der Mahlworte recht verstanden verba promissionis (vgl. ebd. 436,19 ff bzw. in der deutschen Fassung 511,27 ff).

Sicht gewonnen.[48] Das letzte Mahl Jesu ist nun zu begreifen in seinem Sinnkontext mit der Menschwerdung des Gottessohnes, dessen Wirken und dessen Sterben; denn Gottes Sohn ist Mensch geworden, um den Menschen in der Sündenvergebung Gottes Gnade zuzuwenden. Darin liegt die Summe seines Wirkens; dafür nimmt er das Leiden auf sich und gibt sich selbst in den Tod. Deshalb kann Luther diese Mahl- oder Testamentshandlung Jesu als die Summe des ganzen Evangeliums bezeichnen: „Denn ßo du fragest: Was ist das Euangelium? kanstu nit besser antwortten, denn diße wort des newen testaments, nemlich das Christus seyn leyb gegeben und seyn blutt fur uns tzu vergebung der sunde vergossen hatt. ... Darumb sollen diße wort, als eyn kurtzer begriff des gantzen Euangelii, eym itzlichen Christen hertzen eyngebildet und underweyst werden, das er sie stette [:stets] on underlaß betrachte und seyn glawben ynn Christum domit ube, stercke und erhalde, und ßonderlich, wenn er tzum sacrament gehet."[49] Die Zusage der Sündenvergebung umschließt das ganze Heil, das Gott dem Menschen in Jesus Christus zuwendet.

Als Testamentshandlung erhält das Geschehen außerdem mit der Situation, in der es sich ereignet, ein eigenes Gewicht in der Relation zum Kreuzestod Christi. Es ist eindeutig auf den bevorstehenden Tod bezogen; denn Jesus handelt wie jeder Erblasser bei seiner Testamentserklärung als ein moriturus, und zwar als einer, der nicht nur wie jeder

---

48 Da der Begriff testamentum in den Einsetzungsworten des Canon missae enthalten ist, äußern sich dazu natürlich auch die mittelalterlichen Meßauslegungen. Welche Interpretation die Ausleger dem Testamentsbegriff geben, bedürfte einer näheren Untersuchung, die wohl den ersten Eindruck bestätigen würde, daß keiner der mittelalterlichen Ausleger das letzte Mahl Jesu so als Testamentshandlung interpretiert, wie das bei Luther geschieht, d. h. als situationsgemäße letztwillige Evangeliumszusage, die mit der Mahlhandlung durch das Mahlwort Jesu eine zeichenhafte Bekräftigung erfährt. Indem Luther den Ausdruck „novum testamentum" innerhalb der Einsetzungsworte auf das Geschehen dieser Heilszusage im letzten Mahl Jesu bezieht, ist in seiner Sicht durch diesen Begriff wie aus anderen Gründen der Opfergedanke geradezu ausgeschlossen. Für die entgegengesetzte Auffassung kennzeichnend verfährt *Die älteste deutsche Gesamtauslegung der Messe* (wie Anm. 7), S. 148,19 f bei der Übersetzung des Kelchwortes: „Nembtwar! diß ist der kelich meines plutes, des newen, ewigen testaments oder oppfers." In dieser Meßauslegung wird dann keine weitere Interpretation des Testamentsbegriffs gegeben.
49 Vom Mißbrauch der Messe, 1521, WA 8, 524,22–24.33–36; lateinisch ebd. 447,6–10.14–17. Vgl. De captivitate babylonica ecclesiae, 1520, WA 6, 525,36–39: „missa est pars Euangelii, immo summa et compendium Euangelii. Quid est enim universum Euangelium quam bonum nuntium remissionis peccatorum? At quicquid de remissione peccatorum et misericordia dei latissime et copiosissime dici potest, breviter est in verbo testamenti comprehensum."

Erblasser bewußt dem Tod entgegengeht, sondern der in der Hingabe an sein Evangelium willentlich den Tod auf sich nimmt im Einklang mit Gottes Heilswillen. Indem er in einer zeichenhaften Mahlhandlung in mündlicher Form seine testamentarische Heilszusage macht, ist diese Testamentshandlung nicht kultische Vorwegnahme des Opfertodes, auch nicht Vorwegnahme einer künftigen sakramentalen Feier, die von der Kirche als kultische oder mentale Erinnerung an den Kreuzestod Christi begangen werden soll. Vielmehr hat diese Testamentshandlung ihren vollen Primärsinn im Scheitelpunkt zwischen Leben und Sterben Jesu von Nazareth als des Christus. Während dort, wo das letzte Mahl Jesu verstanden wird als eine sakramentale Vorwegnahme seines Opfertodes, die Christologie in die Nähe des Doketismus gerät, entspricht Luthers Verständnis des letzten Mahles Jesu einer Christologie, die das Menschsein des Gottessohnes so ernst nimmt, daß das letzte Mahl seinen eindeutigen Ort hat innerhalb der Heilsverkündigung Jesu, ohne durch den Gedanken sakramentaler Vorwegnahme des eigenen Todes belastet zu sein. Das letzte Mahl Jesu steht im Dienste des Evangeliums, das dann durch seine Hingabe im Kreuzestod bekräftigt wird.

Die Verkündigung des Evangeliums im Lebenszeugnis Jesu und im Zeugnis seines letzten Mahles bringt Luther in eine klar unterscheidende Relation zum Kreuzestod Jesu. Die in Jesu letztem Mahl gipfelnde Verkündigung des Evangeliums darf nicht vermengt werden mit dem als Opfer gedeuteten Kreuzestod, der die Evangeliumspredigt bekräftigt. „Kan doch das alde testament, welchs durch die Engel gegeben ist [Apg 7,53], keyn opffer genant werden, die weyl es ist eyn wortt des gesetzs, welches nit geopffert, ßonder durch die opffer der unvernunfftigen thieren bekrefftiget wart. ... vill weniger kann das newe testament, durch Christum selbst eyngesatzt, eyn opffer seyn, die weyl es eyn wort ist der verheyssung und gnaden, welches nit geopffert, ßonder durch das opffer Christum [lies: Christi] am creutzen verbracht [:vollbracht] und bekrefftiget ist. Wie nu der eyn gottloßer narr were, der das alde testament, das gesetz, welches gegeben und angenommen ist, fur eyn opffer hylde, ßo were der vill ein grösser narr, welcher das newe testament, die verheyssung der gnaden Christi, die gegeben und angenommen ist, eyn opffer nennet."[50]

Bekräftigt durch den Tod Christi, wird seine Heilszusage aufgenommen in die öffentliche Christusverkündigung der Apostel, die sich auf das Wiederholungsmandat stützt. Denn „gleych wie gebotten wart,

---

50 Vom Mißbrauch der Messe, 1521, WA 8, 524,5–16; lateinisch ebd. 446,24 – 447,1.

das man das gesetz mit fleyß dem volck predigen unnd eyn bilden sollt, alßo hatt auch Christus das newe testament yderman und uberall offentlich tzuverkundigen gebotten. Denn die summa des gantzen Euangelii ist darynne begriffen, wie Paulus sagt [1Kor 11,26]: ‚Szo offt yhr wert essen diß brott und trincken den kilch, ßo sollt yhr verkundigen den todt Christi'."[51]

4. Die Gegenwart Christi in der Mahlfeier der Gemeinde

Die Verkündigung des Evangeliums, die im letzten Mahl Jesu zunächst in einer einmaligen Situation geschehen ist, setzt sich fort in der Mahlhandlung der Gemeinde. Die Mahlworte Jesu behalten die mündliche Form direkter Anrede an die Versammelten. Die Testamentshandlung Jesu ist Verkündigungsakt für die Gemeinde. In ihrer Mahlfeier erfährt sie die Selbstvergegenwärtigung des Jesus Christus, der als der Auferstandene in seinem Wort gegenwärtig wird. In doppelter Hinsicht erfahren die Gäste der Mahlfeier, wie Christus sich ihnen als der Gegenwärtige mitteilt: er gibt ihnen in seinen Mahlworten die Zusage der Sündenvergebung; gleichzeitig identifiziert er sich in seinem Mahlwort mit den Mahlgaben, die er dadurch zum „Pfand" oder „Siegel" seiner Heilszusage macht.

„‚Das ist meyn leychnam [:Leib], das ist der kilch meyns blutts'. Hie gibt uns Christus eyn pfandt und eyn tzeychen seyner tzusagung, wie gott alweg ynn seyner verheyssung gethan hat. Abraham gab er die beschneydung tzu eym tzeichen des vorheyssen ßons [Gen 17,10] ... Auch wirtt solche weyße unter den menschen gehalden, das man bunde [:Abkommen], gelöbde und tzusagung nitt alleyn mit wortten und briffen, ßonder auch mit sigillen und getzeugen bekrefftiget. Sagt man yemandt ettwas tzu, ßo gibt man yhm die handt darauff. Vorschreybt man sich [:Verspricht man sich etwas schriftlich], ßo hengt man eyn siggil daran, das die tzusagunge unnd vorschreibung stett [:stets] und vest gehallden werde. Alßo auch hie: das wyr dißer tzusagunge Christi gewiß seyn unnd uns eygentlich [:wirklich] darauff verlassen mögen [:können] on allen tzweyffel, ßo hatt er uns das edelste unnd thewreste sigill und pfandt, seyn waren leychnam und blutt, under brott und weyn, gegeben, eben dasselb, domit ehr erworben hatt, das uns dißer thewre, gnadenreyche schatz geschanckt und vorheyssen ist, und [hat]

---

51 Ebd. 524,16–21; lateinisch ebd. 447,2–6.

seyn leben dar gestragkt [:hingegeben], auff das wyr die verheyssen gnad nehmen und entpfangen. Wie konnen wyr denn auß dem pfandt und sigil gotts, welchs uns geschanckt und gegeben ist, eyn opffer und unßer eygen werck machen? ... Alßo hallden wyr, das gott des unmeßlichen pfandes hallben uns verpflicht ist, und wyr hoffen gewiß, mit grossen freuden unßers hertzen, das er hallden wirt, was er uns hatt tzugesagt und mit eym solchen thewren pfandt und sigill bekrefftiget."[52]

Die Abendmahlsfeier der Gemeinde muß den Charakter der Verkündigungshandlung, der ihr ursprünglich eingestiftet ist, bewahren. Dafür kämpft Luther in der doppelten Front gegenüber der römisch-katholischen Messe und gegenüber Zwinglis Verständnis der Mahlfeier. Die Heilszusage Christi in der Mahlhandlung, der das reine Empfangen des Glaubens zu entsprechen hat, verträgt sich weder mit dem Opfergedanken der römisch-katholischen Messe[53] noch mit Zwinglis Ansicht vom Abendmahl als einem Bekenntnisakt der Gemeinde mit mentaler Erinnerung an den Opfertod Christi. „Darumb werden wyr yn dißen wortten [:den Mahlworten Christi] nichts finden oder sehen, denn alleyn die tzusagung Christi unnd glawben des menschen, und wirtt nit eyn punctlen darynn vom opffer angetzeygt. Denn opffer und tzusagung ist weytter von eyn [:einander] denn auffgang und nyddergang. Eyn opffer ist eyn werck, das wyr gott von dem unßern reychen und geben. Aber die tzusagung ist gottis wort, wilchs dem menschen gottis gnad unnd barmhertzickeyt gibt ... Sie [„die Papisten" Zl. 25] opffern eyn werck, Christus fordert den glawben. Sie geben gott, Christus vorheysst den menschen."

Luther betrachtet Opfer und Zusage als zwei grundverschiedene Geschehen zwischen Gott und Mensch. Der Unterschied zwischen einem Opfer und einer Zusage besteht darin, daß beim Opfer Gott etwas vom Menschen dargebracht wird, bei der Zusage hingegen Gott den Menschen anredet und auf diese Weise an ihm handelt. Den Opferbegriff hat sich Luther von der lateinischen Wortfamilie „offerre: darbringen" her erschlossen; sie ist ihm neben der Wortfamilie „sacrificare" im Vokabular der Messe oft genug begegnet. Opfer und Zusage geschehen in entgegengesetzter Richtung; das Opfer ist zu Gott hin gerichtet, die Zusage zum Menschen hin. Luther spricht von aufsteigender und ab-

---

52 Vom Mißbrauch der Messe, 1521, WA 8, 516,18 – 517,9; lateinisch ebd. 440,24 – 441,8.
53 Ebd. 512,10–15.28-30; lateinisch ebd. 436,34 – 437,1.13 f.

steigender Richtung.[54] Die Liturgiewissenschaft unserer Zeit verwendet dafür die genau entsprechenden, vom Griechischen abgeleiteten Begriffe, wenn sie anabatische und katabatische Handlungen im Gottesdienst unterscheidet. Die Lesungen von Epistel und Evangelium und auch die Predigt als deren Auslegung haben eine katabatische Richtung, während eine Darbringung von Gaben seitens der Gläubigen eine anabatische Richtung hat.

Im Streit um das Abendmahl, ob es Opfer oder Zusagehandlung sei, gilt Luthers ganze Leidenschaft der Einsicht, daß das Abendmahl ein Geschehen in eindeutig katabatischer Richtung sei; denn das entscheidende sakramentale Geschehen umfaßt das Abendmahlsevangelium mit den Christus-Worten und die Kommunion. Um dieses Geschehen in seiner Eigenart zu begreifen, darf es nicht mit anderen liturgischen Akten vermischt werden. Eine verzerrende Vermischung entsteht z.B. dann, wenn der Abendmahlsbericht (mit den Mahlworten Jesu) in ein liturgisches Gebet eingebettet und gleichzeitig von der Kommunion getrennt wird. Dann wird durch das rahmende Gebet auch dem Abendmahlsbericht eine anabatische Richtung gegeben. So geschah es in der mittelalterlichen Messe: Der Abendmahlstext ist dort innerhalb eines liturgischen Gebetes des Priesters Teil einer kultischen Erinnerungshandlung; in diesem Geschehen werden Leib und Blut Christi Gott dargebracht, nachdem dank der priesterlichen Weihevollmacht die Transsubstantiation von Brot und Wein sich ereignet hat.

Luthers Widerspruch trifft genauso eine Mahlfeier, bei der in einer unkultischen, rein mentalen Form an das letzte Mahl Jesu erinnert wird, wie das bei Zwinglis Abendmahlsfeier der Fall war und in unserer Zeit sich leicht in die Abendmahlspraxis evangelischer Gemeinden einschleicht. Mit Luthers Abendmahlsverständnis verträgt sich weder die priesterlich-kultische noch die mentale Form der Erinnerungshandlung. Beide Male wird das Abendmahlsevangelium historisiert, auch wenn das in der kultischen Erinnerungshandlung weniger deutlich zu erkennen ist. In beiden Gestalten der Abendmahlsfeier wird Christus nicht so wahrgenommen, daß er in seinen Abendmahlsworten direkten Zuspruch von Gottes Vergebung gewährt. Beide Male wird der Glaube zu

---

54 De captivitate babylonica ecclesiae, 1520, WA 6, 526,13–17: „Non ergo sunt confundenda illa duo, Missa et oratio, sacramentum et opus, testamentum et sacrificium, quia alterum venit a deo ad nos per ministerium sacerdotis et exigit fidem, alterum procedit a fide nostra ad deum per sacerdotem et exigit exauditionem. Illud descendit, hoc ascendit." Vgl. Predigt 30. 4. 1522, WA 10 III, 107,16 f: „Das Lehren kömmt von Gott zu denen Menschen; das Beten von denen Menschen zu Gott."

einer fides historica reduziert, zum Anerkennen der vergangenen Heilstatsache des Opfertodes Christi. Das ist für Luther kein wahrer Glaube. Der wahre Glaube weiß von der einmaligen Menschwerdung Gottes in Jesus Christus, seinem einzigartigen Evangeliumszeugnis und der unvergleichbaren Bedeutung seines Kreuzestodes. Aber im Hören des Evangeliums erfährt der Glaube Jesus Christus als den Gegenwärtigen, so daß der Glaube in der Gegenwart von einer katabatischen Heilszusage Gottes an den Menschen lebt.

Christus ist handelndes und sich selbst mitteilendes Subjekt des Abendmahls; der Pfarrer handelt nur nach dem Auftrag, der mit der Einsetzung des Abendmahls gegeben ist. Nicht die Gemeinde ist hier Subjekt eines Aktes der Selbstdarstellung. Luther sagt es mit drastischen Worten[55]: „Wir aber wissen, das es des Herrn abendmal ist und heist, nicht der Christen abendmal. Denn der Herr hats nicht alleine eingesetzt, sondern machts und helts auch selbs und ist der koch, kelner, speise und tranck selbs."

Leicht verkannt wird eine Verfälschung des Abendmahlsgeschehens, wenn von der Gemeinde her gedacht wird, etwa mit der Argumentation: Im Dank für das in Jesus Christus geschenkte Heil versammelt sich die Gemeinde zum Gottesdienst und feiert in dieser Dankbarkeit das Abendmahl, das dann gerne mit Nachdruck als die Feier der Eucharistie bezeichnet wird. Hier lauert die Gefahr einer „Eucharistisierung" des Abendmahls. Historisierung und Eucharistisierung sind zwei unschöne, jedoch in unserer Zeit für die Verständigung in der Abendmahlslehre kaum vermeidbare Begriffe. Luther scheint selbst für diese eucharistische Einbettung der Abendmahlsfeier plädiert zu haben, als er 1530 in seiner *Vermahnung zum Sakrament des Leibes und Blutes Christi*[56] die evangelischen Christen ermunterte, aus Dankbarkeit häufiger, als es weithin geschah, zum Abendmahl zu gehen. Indessen kritisierte er in dieser Schrift zugleich eine Umdeutung der eigentlichen Abendmahlshandlung durch den Eucharistiegedanken[57], eine Deutung

---

55 Daß diese Wort Christi ‚Das ist mein Leib' noch fest stehen, 1527, WA 23, 271,8–11. Obgleich sich Luther hier gegen Zwingli wendet, ist auch zu beachten, daß er nicht mit dem 4. Lateranum (s. u. Anm. 66) Christus den im Abendmahl handelnden Priester nennt, der zugleich sich selbst als Opfer darbringt.

56 Vermahnung zum Sakrament, 1530, WA 30 II (589) 595–626.

57 Ebd. WA 30 II, 614,19–26 (+26–29.30–34, vgl. 693,16.17–20) – Schon 1521 betont Luther, als Feier des dankbaren Empfangs sei das Abendmahl kein anabatisches Geschehen; Vom Mißbrauch der Messe, 1521, WA 8, 513,14–25: „So ist auch darynn, das er [:Christus] brott und weyn gebenedeyet odder danckgesagt hatt, keyn opffer angetzeygt; sonst hett er auch die funff gersten brot unnd tzwene fisch geopffert, welche er

des Abendmahls, die damals auch von römisch-katholischer Seite vorgetragen wurde und in unserer Zeit häufig in die ökumenische Abendmahlsdebatte hineingetragen wird.[58]

„Christus scheidet hie [in den Abendmahlsworten] die zwey stuck weit von einander, Sacrament und Gedechtnis, da er spricht: ‚Solchs thut zu meinem gedechtnis.' Ein ander ding ist das Sacrament, und ein ander ding ist das Gedechtnis, Das Sacrament sollen wir uben und thun (spricht er) und daneben sein gedencken, das ist: leren, gleuben und dancken, Das gedechtnis sol wol ein danckopffer sein, aber das Sacrament selbs sol nicht eine opffer, sondern ein gabe Gottes sein, uns geschenckt, welchs wir zu danck an nemen und mit danck empfahen sollen."[59]

Luther macht sich Gedanken darüber, wie im Laufe der Geschichte der Eucharistiegedanke in die Sakramentshandlung hineingedeutet wurde und dadurch zu deren Wesensbestimmung geworden ist. „Und ich halt, das daher die alten [:die Kirchenväter] solch ampt haben Eucharistia odder Sacramentum Eucharistie, das ist dancksagung, genennet, das man nach dem befelh Christi bey diesem Sacrament Gott dancken und dasselb mit danck brauchen und empfahen sol, Welchs wort darnach durch misverstand auch hat mussen allein das Sacrament heissen, Und were noch nicht ubel geredt, Wo man itzt sagte, wenn man zur Messe odder predigt gienge: Ich will zur Eucharistia gehen, das ist: Ich will zur dancksagung gehen, nemlich zu dem ampt, da man Gott

---

yn seyn hendt nam, gebenedeyet odder dancksagt unnd gab sie den Jungern [Joh 6,11], … Szo ist auch ‚gebenedeyen' und ‚dancksagen' eyn tzeychen unnd getzeugnuß, das ettwas von gott entpfangen und gegeben ist, nicht das wyr gott etwas opfferten odder geben. Wer do opffert, der bett unnd bitt gott, das er wolt von yhm seyn opffer mit gnaden annehmen etc. Wer aber dancksagt, der bett nicht, daß eß angenehme sey, sunder frawet sich, das ym etwas gegeben sey und er eß entpfangen habe." Vgl. lateinisch WA 8, 437,38 – 438,7.

58 Gegen eine Umdeutung der evangelischen Abendmahlsfeier durch „Eucharistisierung" wendet sich in zwei Aufsätzen Dorothea Wendebourg: Den falschen Weg Roms zu Ende gegangen? Zur gegenwärtigen Diskussion über Martin Luthers Gottesdienstreform und ihr Verhältnis zu den Traditionen der Alten Kirche; ZThK 94, 1997, 437–467. – Noch einmal „Den falschen Weg Roms zu Ende gegangen?" Auseinandersetzung mit meinen Kritikern; ZThK 99, 2002, 400–440.

59 Vermahnung zum Sakrament, 1530, WA 30 II, 614,19–26. Schon in der Schrift Vom Mißbrauch der Messe, 1521, beschreibt er das Lobopfer als einen allgemein christlichen Lebensakt, der nicht umgemünzt werden dürfe zu dem speziellen Akt eines priesterlichen Kultopfers; WA 8, 493,1–15; lateinisch ebd. 420,35 – 421,11.

danckt und lobt jnn seinem Sacrament, wie es scheinet, das die alten gemeinet haben."[60]

Indem Luther die Begriffe Eucharistia oder Lob und Danck aufgreift, bedeuten sie für ihn ein Grundverhalten des Glaubens, bezogen auf den ganzen Gottesdienst. Mit Dank sucht der glaubensbewußte Christ den Gottesdienst auf, um dort mit der Gemeinde Gott zu loben, ihn im Gebet anzurufen, durch die Predigt des Evangeliums in seinem Glauben gefördert zu werden und nicht zuletzt um sich durch das Abendmahl in der Glaubensgewißheit stärken zu lassen, was den Dank gegenüber Gott vertieft. Aber dadurch macht er den Gedanken der Eucharistia nicht zur Wesensbestimmung des Abendmahls; denn die Mahlhandlung selber mit der Heilszusage Christi und der Austeilung von Leib und Blut Christi unter Brot und Wein bleibt ein Geschehen der Zuwendung Christi, das der Christ dankbar annimmt. Dieses Mahlgeschehen darf nicht dahin umgedeutet werden, als sei der Glaubende oder die Gemeinde oder der Liturg Subjekt eines Geschehens, um den eigenen Dank oder eine kultische Gabe Gott darzubringen. Das „Gedächtnis Christi" umfaßt zwar das ganze dankbare Wahrnehmen dessen, was Christus mit dem Evangelium und dem Glauben aller Welt gebracht hat, doch muß die Verkündigung des Evangeliums außerhalb der Sakramente oder in den Sakramenten in der Ausrichtung auf den Glauben unverzerrt wahrgenommen werden.

Luther selbst erklärt zu seinem Sprachgebrauch: „Ich mache wedder messe noch Sacrament zum opffer, Sondern das gedechtnis Christi, das ist die lere und glauben von der gnaden widder unser verdienst und werck, das ist ein opffer, Und ist ein Danckopffer, Denn mit dem selbigen gedechtnis bekennen und dancken wir Gott, das wir aus lauter gnaden durch Christus leiden erloset, frum und selig werden."[61] In solchem Kontext bezeichnet das „Gedächtnis Christi" ein dankbares Festhalten am Evangelium Christi, das auch in der Verkündigung des Sakraments

---

60 Ebd. 614,26–34. Vgl. dazu Luthers vorbereitende Notizen, WA 30 II, 693,16–18.
61 Ebd. 610,13–18. Vgl. in Luthers Entwurfsnotizen WA 30 II, 693,3–5: „4. Missa cum sit opus Dei nobis exhibitum, non potest esse sacrificium ne pium quidem. 5. Annunciatio mortis Christi in Missa est sacrificium laudis et pium." Die „Verkündigung des Todes Christi" als Lobopfer geschieht im Abendmahl, wenn es konform mit dem Stiftungsmahl gefeiert wird ausschließlich als Christi eigene Zuwendung des Heils, also die Kirche oder die Gemeinde als handelndes Subjekt von eigenem Wert nicht in Betracht kommt. Vgl. *Daß diese Worte Christi* etc., 1527, WA 23, 271,14–17: „Sollen wirs zu seinem gedechtnis thun, so ists ja eingesetzt zu seinem dienst, zu seinen ehren. Wo mit dienen wir aber yhm? ... Ich achte da mit, das wir unsern glauben stercken und yhn kennen lernen."

nicht mit dem Opfergedanken vermischt werden darf. Dann wird aber in der Rede vom Lob- oder Dankopfer das Wort „Opfer" nur noch im übertragenen Sinn verwendet, weil ein evangeliumsfremder Opfergedanke aufgehoben wird von dem wahrhaft Gott gemäßen Danken.[62] Auch in diesem Zusammenhang wendet sich Luther gegen die Zweiteilung von priesterlichem Kultopfer und Gemeindekommunion. Im Auseinanderklaffen von Altarsakrament und Gemeindekommunion ist die Einheit der von Christus gestifteten und gegenwärtig von seinem Mahlwort getragenen Handlung zerstört.[63] Für alle, ohne Unterschied der Person, ist die Sakramentshandlung als solche eine besondere Verkündigungshandlung, in der Christus seine Heilszusage gibt, doch alle, die glaubend diese Heilszusage für sich annehmen, tun das mit Lob und Dank.

Luthers Insistieren auf dem rein katabatischen Charakter der Abendmahlshandlung erklärt sich daraus, daß er mit den Abendmahlsworten Christi das ganze Geschehen als ein Geschehen der Zuwendung von Gottes Sündenvergebung an die versammelten Christen betrachtet. Mit seiner Selbsthingabe, ausgesprochen in seinen Abendmahlsworten, ist Jesus Christus die Liebe Gottes in Person. Gottes Gnade wird hier erfahren als Geschehen der Selbstmitteilung Gottes. Dabei ist auch noch dies zu beachten: Die Testamentshandlung Jesu in seinem letzten Mahl blickt voraus auf den zu erwartenden Tod. Hingegen blickt die Gemeinde, die das Abendmahl als Erinnerungsfeier und nicht als Feier der Evangeliumsverkündigung begeht, zurück auf den Kreuzestod Jesu. Allerdings spricht der Einsetzungsbericht zunächst von etwas Vergangenem, „von der Nacht, in der Jesus verraten wurde", während die gegenwärtige Verkündigung des Evangeliums von den Mahlworten

---

62 Vgl. unter Luthers Bucheinzeichnungen WA 48, 51 Nr. 67: „‚Wer Danckopffer opffert, der preiset mich' etc. [Ps 50,23] Die glaublosen Heiligen wollen jmer Gott geben, als durfft [:bedürfte] er jres diensts, So er doch Gott ist vnd uns gibt vnd alles geben will, Denn wir seiner Güte bedürffen, Allein begert er, das wir danckbar seien vnd halten jn für vnsern Gott."

63 Vermahnung zum Sakrament, 1530, WA 30 II, 612,24–33: „So haben nu die kirchen jm Bapstum zweierley Sacrament des altars: Der gemein Christen man hat kein opffer Sacrament, sondern das schlecht [:einfache] Sacrament (wie wol dennoch [durch den Kelchentzug] die helfft allein), Die priester haben ein opffer Sacrament, und dasselbe gantz, ... Nu hat doch ia Christus allen seinen Christen zu gleich einerley tauffe, Sacrament, Euangelion gegeben und gelassen, und kein unterscheid der personen wollen haben, Wo kompt denn solcher unterscheid her, das unser lieber trostlicher schatz jnn des priesters hand und maul ein opffer wird, und jnn unsern henden und munde nicht kan ein opffer sein, Sondern ein schlecht Sacrament sein mus, und ist doch beides einerley und gleich Sacrament?"

Jesu ausgeht. Luther berücksichtigt den Unterschied zwischen dem letztem Mahl Jesu und der gegenwärtigen Abendmahlsfeier der Gemeinde, weil dazwischen der Kreuzestod Jesu steht. Trotzdem begegnet Christus im Abendmahl der Gemeinde als der Gegenwärtige mit seinem Zuspruch der Sündenvergebung. Das ist zweierlei, der Kreuzestod und das gegenwärtige Heilswort, mit dem, wie Luther sagt, das ausgeteilt wird, was der Kreuzestod Jesu als universales Heil erschlossen und bekräftigt hat:[64] „Von der vergebunge der sünden handeln wyr auff zwo weyse. Eyn mal, wie sie erlangt und erworben ist, Das ander mal, wie sie ausgeteylt und uns geschenckt wird. Erworben hat sie Christus am creutze; das ist war, Aber er hat sie nicht ausgeteilt odder gegeben am creutze, Im abentmahl odder Sacrament hat er sie nicht erworben, Er hat sie aber daselbst durchs wort ausgeteylet und gegeben, wie auch ym Euangelio, wo es predigt wird. ... Will ich nu meyne sunde vergeben haben, so mus ich nicht zum creutze lauffen, denn da finde ich sie noch nicht ausgeteylet, Ich mus mich auch nicht zum gedechtnis und [zu] erkentnis hallten des leydens Christi ..., denn da finde ich sie auch nicht, sondern zum Sacrament odder Euangelio, da finde ich das wort, das mir solche erworbene vergebunge am creutz austeilet, schenckt, darbeut [:darbietet] und gibt." Das letzte Mahl Jesu und sein Kreuzestod haben je ihren eigenen Ort in der Geschichte. Die Abendmahlsfeier der Gemeinde vermittelt dem Glauben eine Gegenwartserfahrung, wie sie Jesus den Jüngern in seinem Abendmahl geschenkt hat und wie sie das vom Kreuzestod Jesu unablösbare Evangelium zu allen Zeiten schenkt.[65]

Daß die Selbstvergegenwärtigung Christi im Abendmahl mit seiner Zuwendung von Gottes Vergebung auch gemeinschaftsstiftend wirkt, folgt so gut wie selbstverständlich im Gefälle des Geschehens. Nur wäre es grundverkehrt und würde das Gefälle umkehren, wenn die Gemeinde meinen sollte, sie könnte in der Abendmahlsfeier sich selbst darstellen in ihrer Einheit im Glauben und in der Liebe. Daß solche

---

64 Wider die himmlischen Propheten, 1525, WA 18, 203,28 – 204,4. Vgl. WA 19, 152,19–22 (zu Jes 9,5; 1526) sowie WA 26, 13,26–36 und 14,4–7 (Vorlesung 1Tim 1,8; 1528) sowie ebd. 296,30 – 297,9 (Vom Abendmahl Christi; 1528).

65 Ebd. WA 18, 205,8 f: „wyr gleuben und [es] ist war, das Christus' blut, ... sey fur uns eyn mal vergossen und keyn anders. Wenn man nun das geschicht [:das Geschehen] ansihet, damit er die vergebunge der sunde erworben hat, so war es am abentmal [noch] nicht geschehen, Nu aber ists geschehen und vergangen. Wenn man aber die austeylunge der vergebunge ansihet, so ist keyne zeyt da, sondern ist von anfang der wellt geschehen."

Verkehrung nicht eintritt, ist Luthers Hauptsorge; weniger besorgt ist er
um die sich von selbst einstellende Erfahrung, wie Christus als der
Gastgeber seines Mahls Gemeinschaft stiftet.

5. Selbstvergegenwärtigung Christi in Person

Die Frage der „Selbstvergegenwärtigung Christi" stand bei den bisher
behandelten Punkten immer im Hintergrund: als wir ausgingen von den
beiden Mahlworten in den neutestamentlichen Berichten; dann, als
davon zu reden war, wie Luther und Zwingli diese Sätze in ihrer Redeform unterschiedlich beurteilt haben; weiter, als wir Luthers Verständnis des letzten Mahles Jesu als Testamentshandlung betrachtet haben;
und schließlich, als wir uns bewußt gemacht haben, welche Konsequenzen das für die Abendmahlsfeier der Gemeinde hat. Es war immer
wieder zu erkennen: Das, was über die Gegenwart Christi im Abendmahl zu sagen ist, hängt für Luther an den Mahlworten Jesu, den Sätzen, in denen er zusammen mit dem Evangeliumszuspruch beim An-
bieten und Austeilen der Mahlgaben sich selbst erklärt und mitteilt.
Das soll jetzt noch in Beziehung gebracht werden zu einigen Begriffen,
die in der Tradition von Luthers Abendmahlslehre im Gebrauch sind.

An erster Stelle können die Begriffe „Realpräsenz" und „Konsubstantiation" genannt werden. Da Luther noch weit entfernt war von
unserer modernen Begriffssprache, hat er diese Begriffe nicht verwendet. Beide Begriffe erweisen sich nun als untauglich, um das Wesentliche der Gegenwart Christi im Abendmahl auf den Punkt zu bringen.
Statt von Realpräsenz wäre passender von Personalpräsenz zu reden.
Es ist Christus in Person, der selbst in seinem Wort präsent wird und
auch kraft seines Wortes sich in seinem Menschsein mit Brot und Wein
identifiziert. In Person begegnet er uns nur in seinem Wort; darin ist er
ebenso Mensch wie Gott. Vergegenwärtigt er sich im Abendmahl in
ungeteilter Person, so bleibt seine Gegenwart mit Leib und Blut an den
Zuspruch seines Mahlwortes gebunden. Deshalb sollte auch der Begriff
der Konsubstantiation vermieden werden, weil Christi Leib und Blut
nicht als Substanzen unabhängig von der Christus-Person gegenwärtig
werden. Weil er die Kategorie der Substanz in der Abendmahlslehre
für unbrauchbar hielt, hat Luther die Transsubstantiationslehre, die

vom 4. Laterankonzil 1215[66] dogmatisiert worden war, abgelehnt. Im Widerspruch zu dieser Lehre betont er, daß Brot und Wein unverwandelt Brot und Wein bleiben. Leib und Blut Christi kommen aber auch nicht als eigene Substanzen hinzu. Deren Gegenwart in, mit und unter Brot und Wein kann nicht abgelöst werden von dem Mahlgeschehen, bei dem Christus in seinem Wort sich selbst in Person vergegenwärtigt. Schon der Abendmahlsstreit zwischen Luther und Zwingli krankte daran, daß das Verständnis des Mahlgeschehens zu sehr in den Hintergrund geriet. Erst recht wurde das zu einem Mangel, als Lehrformeln für Luthers Abendmahlsverständnis geschmiedet wurden.

Weil ihm die leibliche Gegenwart der Christus-Person in und unter Brot und Wein am Herzen lag, hat Luther dafür mit der ganzen, ihm eigenen Leidenschaft gestritten. Ihre tiefste Wurzel hat seine Abendmahlslehre in der Gewißheit, daß Jesus Christus, der menschgewordene, am Kreuz gestorbene und mit der Auferweckung zu Gott erhöhte Gottessohn, sein gültiges Wort in den Abendmahlsworten spricht. Ist er in seiner irdischen Hingabe an Gottes Heilswillen wahrer Mensch und wahrer Gott, so entspricht es seinem Person-Sein, wenn er in den Worten seines letzten Mahles sich in seinem leiblichen Mensch-Sein mit den Gaben von Brot und Wein identifiziert und in der Einheit von Mahlwort und Mahlgaben sich selbst mitteilt. In jeder Abendmahlsfeier der Gemeinde spricht derselbe Jesus Christus als der zu Gott Erhöhte seine Mahlworte, die nun auf Grund des Wiederholungsauftrages in der Feier der Gemeinde zu Gehör kommen. Beides wird mit den Mahlworten vernehmbar ausgesprochen, sowohl die Zusage von Gottes Vergebung als auch die Identifikation Christi mit den irdisch realen Gaben von Brot und Wein.[67] Das ist für Luther lebendige Wirklichkeit, ge-

---

66 Im Decretum Firmiter lautet der entscheidende Passus: „Una vero est fidelium universalis Ecclesia, extra quam nullus omnino salvatur [vgl. Cyprian Ep (73) ad Iubaianum c. 21 CSEL 3 II, 795, 35], in qua idem ipse sacerdos est sacrificium Iesus Christus, cuius corpus et sanguis in sacramento altaris sub speciebus panis et vini veraciter continentur, transubstantiatis pane in corpus et vino in sanguinem potestate divina." Das Dekret wurde in die mittelalterliche Kirchenrechtssammlung des Corpus Iuris Canonici aufgenommen, Greg. IX decr lib 1 tit 1 c 1, RF 2,5s. Mit deutscher Übersetzung zu finden bei Denzinger, Heinrich: Kompendium der Glaubensbekenntnisse und kirchlichen Lehrentscheidungen, lat.-dt. hg. von Peter Hünermann, Freiburg u.a. [37]1991, Nr. 800–802.

67 In der Schrift Daß diese Wort Christi ,das ist mein Leib' noch fest stehen, 1527, WA 23, 179,24-33, erklärt Luther, er habe schon in anderen Schriften gelehrt, „das ym abendmal zwey stuck sind ... Eins das aller höhest und nötigst, das sind die wort ,Nemet, esset, das ist mein leib' etc. Das ander ist das sacrament odder leiblich essen des leibs Christi. Nu die wort kan freylich niemand durch den hals ynn den bauch jagen, sondern mus sie durch die oren yns hertz fassen. Was fasset er aber yns hertz durch die wort? Nichts an-

gründet in der Person Jesu Christi, in der die Lebenswirklichkeit Gottes und des Menschen vereint sind.

Im Blick auf die Person Jesu Christi kann Luther deshalb die stärksten Worte über die leibliche Gegenwart Christi im Abendmahl finden[68]: „Darumb ists aller ding recht gered, das so man auffs brod zeiget und spricht: ‚Das ist Christus leib‘, Und ‚wer das brod sihet, der sihet den leib Christi‘ … ‚Wer dis brod angreiffet, der greiffet Christus leib an‘, Und ‚wer dis brod isset, der isset Christus leib‘.“ Doch wird diese leicht mißverständliche Rede dann gleich zurechtgerückt mit dem Zusatz[69], es bleibe „doch allwege war, das niemand Christus leib sihet, greifft, isset …, wie man sichtbarlich ander [:anderes] fleisch sihet.“ Daß im Kontext des Abendmahls dem Leibe Christi Eigentümlichkeiten zugeeignet werden, die dem Brot zukommen, das erkläre sich nur aus der Ineins-Erklärung, die Jesus selbst in seiner Abendmahlsfeier ausgesprochen hat. Luther nennt das die „sakramentliche Einigkeit“ (unio sacramentalis).[70]

Weil Christus sich selbst durch sein Wort in der Mahlfeier für die Anwesenden vergegenwärtigt, ist seine Gegenwart in und unter Brot und Wein[71] nur für die Dauer der Mahlfeier gegeben, wenn die Einsetzungsworte für alle Anwesenden vernehmbar gesprochen worden sind und solange die Austeilung dauert. Die theologische Formel, daß extra usum, außerhalb des Vollzugs der Mahlfeier, Leib und Blut Christi nicht mehr in Brot und Wein gegenwärtig sei, schützte die Wittenberger Abendmahlslehre vor dem Mißverständnis einer dauerhaften,

---

ders denn das sie lauten, nemlich ‘den leib fur uns gegeben’, welchs ist das geistliche essen. Und haben weiter gesagt, das, wer das sacrament leiblich isset on solche wort oder on solch geistlich essen, dem ists nicht alleine kein nütz, sondern auch schedlich, wie Paulus sagt [1Kor 11,27].“

68 Vom Abendmahl Christi, 1528, WA 26, 442,29–34.

69 Ebd. 442,35–37. Vgl. Daß diese Wort Christi ‚das ist mein Leib‘ noch fest stehen, 1527, WA 23, 145,21–32: „Wir … sind ja nicht so toll, das wir glauben, Christus leib sey ym brod auff die grobe sichtbarliche weise, wie brod ym korbe odder wein ym becher, wie uns die schwermer gerne wollten aufflegen, sich mit unser torheit kutzeln, Sondern wir glauben stracks, das sein leib da sey, wie seine wort drauff lauten und deuten ‚das ist mein leib‘ etc. … Uber worten wöllen wir nicht zancken, alleine das der synn da bleibe, das nicht schlecht brod sey, das wir ym abendmal Christi essen, sondern der leib Christi.“

70 Vom Abendmahl Christi, 1528 (in der Fortsetzung des Zitates bei Anm. 69) 442,37 f: „Denn was man dem brod thut, wird recht und wol dem leibe Christi zu geeigent umb der sacramentlichen einickeit willen.“

71 Die Redeweise „in“ oder „unter Brot und Wein“ begründet Luther Vom Abendmahl Christi, 1528, WA 26, 264,33 – 265,10; vgl. WA 23, 145,26–32.

zuständlichen Anwesenheit. Das wurde als Konsens zwischen Luther und seinen Anhängern einerseits und Bucer sowie anderen oberdeutschen Theologen andererseits 1536 in der Wittenberger Konkordie festgehalten[72]. Gleichzeitig wurde gemeinsam erklärt, daß im Abendmahl keine räumliche Einschließung von Leib und Blut Christi in Brot und Wein geschehe.

Die Gegenwart Christi in seinem Wort und seinen Mahlgaben will den Anwesenden in ihrem Glauben zum Heil dienen. Christus vergegenwärtigt sich jedoch unabhängig vom Glauben; seine Gegenwart beruht nicht auf einer mentalen Vergegenwärtigung des Glaubens. Um das zu verdeutlichen, wird gesagt, daß auch Ungläubige, wenn sie am Abendmahl teilnehmen, den Leib Christi zu essen bekommen (manducatio impiorum oder infidelium).[73] Entscheidend bleibt für die Abendmahlsgäste, daß sie die Christus-Worte als gegenwärtig gültige Worte der Heilszusage ins Herz fassen[74]: „darümb gehen wir zum Sacrament, das wir da empfahen solchen schatz, durch und yn dem wir vergebunge der sunde uberkomen [:erhalten]. Warümb das? Darümb das die wort ... uns solchs geben. Denn darümb heisset er mich essen und trincken, das es mein sey und mir nütze als ein gewis [:verläßliches] pfand und zeichen, ia eben das selbige gut, so [:das] für mich gesetzt ist wider meine sunde, tod und alle unglück.“

---

72 Wittenberger Konkordie, 1536, WAB 12, (200) 206/207,8–16; lateinisch ebd. 209,6–11.
73 Vom Abendmahl Christi, 1528, WA 26, 406,27–34: „Wir wissen aber, das diese wort ‚Das ist mein leib‘ etc. klar und helle sind, Denn es höre sie gleich ein Christ odder Heide, Jüde odder Türcke, so mus er bekennen, das da werde gered von dem leibe Christi, der ym brod sey ... Das aber das ihenige, so gesagt wird, der gleubige fasset und der ungleubige veracht, das ist nicht der tunckelheit odder klarheit ynn worten schuld, sondern der hertzen, so es hören.“
74 Großer Katechismus, 1529, WA 30 I, 224,37 – 225,6.

Jan Rohls

Geist und Zeichen

Die reformierte Abendmahlslehre in ihrer geschichtlichen Entwicklung

Zu den grundlegenden Differenzen zwischen Lutheranern und Reformierten gehört das Verständnis des Abendmahls. Es sind Differenzen, die bis in die Anfänge der Reformation zurückreichen. Das unterschiedliche Verständnis des Abendmahls bildete das entscheidende Hindernis einer Einigung zwischen Luther und Zwingli im Marburger Religionsgespräch von 1529 und ließ den vom Landgrafen Philipp von Hessen verfolgten Plan eines politischen Bündnisses der protestantischen Territorien scheitern. Seit jenem Datum hat sich trotz gegenseitiger Versuche einer Annäherung die Kluft zwischen Wittenberger und Schweizer Reformation in der Abendmahlsfrage nie mehr geschlossen. Der Streit um das angemessene Verständnis des Abendmahls flammte im sechzehnten Jahrhundert vielmehr immer wieder neu auf, und andere Differenzpunkte – unmittelbar mit der Abendmahlslehre verbunden die Christologie, dann aber auch die Prädestinationslehre – traten hinzu, die die Kluft nur noch vergrößerten. Sie führten schließlich zu einer bekenntnismäßigen Abgrenzung der beiden Konfessionsparteien, die bis in das zwanzigste Jahrhundert keine gegenseitige Abendmahlsgemeinschaft zwischen Lutheranern und Reformierten gestattete. Im Folgenden soll die reformierte Abendmahlslehre in ihrer Entwicklung von den Anfängen bei Zwingli bis hin zu ihrer bekenntnismäßigen Ausgestaltung nachgezeichnet werden.

1. Zwingli, Luther und der erste Abendmahlsstreit

In der 18. „Schlußrede", in der er für die Erste Zürcher Disputation von 1523 sein Verständnis der Messe zusammenfaßt, erklärt Zwingli, daß „Christus sich selbs einest uffgeopfert, in die ewigheit ein wärend und bezalend opfer ist für aller glöubigen sünd; darus ermessen würt, die meß nit ein opfer, sunder des opfers ein widergedechtnuß sin und sichrung der erlösung, die Christus unß bewisen hatt."[1] Die Einmaligkeit und Suffizienz

---

1 CR 88, 460, 6–10. Vgl. W. Köhler, Zwingli und Luther. Ihr Streit über das Abendmahl nach seinen politischen und religiösen Beziehungen, Bd.1, Leipzig 1924; H. Gollwitzer,

des Sühnopfers Christi auf Golgatha verbiete es, die Messe selbst als Opfer zu verstehen. Weil das Opfer Christi sein Tod sei, könne die Messe kein Opfer sein, da ansonsten Christus durch den Priester immer aufs neue getötet würde. Daher kann für Zwingli die Messe recht verstanden nur ein „Wiedergedächtnis" des in der Vergangenheit liegenden einmaligen Kreuzesopfers sein, das Christus in seiner ihm vom Hebräerbrief zugeschriebenen Funktion als Hoherpriester vollbracht hat. Durch ein solches „Wiedergedächtnis" aber erlangten die Gläubigen die Gewißheit oder „Sicherung", daß ihnen ihre Sünden verziehen werden, so als wäre Christus erst soeben am Kreuz gestorben. Denn so kräftig und zu allen Zeiten gegenwärtig sei Christus, so präsent werde er im „Wiedergedächtnis". Trotz der grundsätzlichen Gemeinsamkeit in der Ablehnung der römischen Meßopferpraxis wird bereits hier ein Unterschied in der Begründung der Ablehnung zwischen Zwingli und Luther deutlich. Im Zentrum der Kritik Luthers steht der Werkcharakter der Messe. Als ex opere operato und mithin ohne Glauben Sündenvergebung wirkendes menschliches Werk widerstreite das Meßopfer der Auffassung von der Rechtfertigung allein aus Glauben. Dieser Gedanke spielt bei Zwingli keine Rolle, sondern hier ist es die aus der Einmaligkeit des vergangenen Kreuzesopfers resultierende Unwiederholbarkeit, die gegen das Meßopfer ins Spiel gebracht wird. Allenfalls in einem übertragenen Sinne kann man Zwingli zufolge das „Wiedergedächtnis" des Kreuzesopfers selbst als Opfer bezeichnen, so wie man die Erinnerung an den Tag der Geburt Christi, Weihnachten, selbst als Tag der Geburt bezeichnet.

Mit dem Begriff „Wiedergedächtnis" ist bereits in seiner Kritik der römischen Meßopferauffassung die für Zwinglis Abendmahlsverständnis zentrale Kategorie eingeführt. Allerdings impliziert der Gebrauch des Begriffs in diesem frühen Stadium noch keinerlei Kritik an der Realpräsenz von Leib und Blut Christi im Abendmahl. Abgewiesen wird von Zwingli wie von Luther mit dem Meßopfer allein die Transsubstantiation. „Das die theologi von der verwandlung des wins und brotes erdichtet dabend, laß ich mich nit kümmeren. Ich hab gnug, daß ich verstenklich durch den glouben weiß, daß er min erlösung ist und spyß und trost der seel."[2] Aber wie bei der Kritik des Meßopfers wird auch in der Kritik der Transsubstantiation die Eigentümlichkeit der Abendmahlsauffassung Zwinglis bereits deutlich. Christus sei im Abendmahl für den Glauben die Speise der See-

---

Zur Auslegung von Joh 6 bei Luther und Zwingli, in: W. Schmauch (Hg.), In Memoriam E. Lohmeyer, Stuttgart 1951, 143 ff.
2   CR 89, 144, 13–16.

len, und Seelenspeise sei er nur dann, wenn man Brot und Wein in dem Glauben zu sich nehme, daß der für uns geopferte Leib Christi uns von Sünde, Tod und Teufel befreit habe[3]. Damit zeichnet sich bereits das spiritualistische und symbolische Verständnis des Abendmahls ab, das Zwingli in den folgenden Monaten voll entwickelt. Der entscheidende Auslöser dafür ist der Brief des holländischen Juristen Cornelius Hoen, der zunächst Luther erreichte. Hoen vertritt in ihm eine Abendmahlsauffassung, die geprägt ist vom Spiritualismus der niederländischen Devotio Moderna[4]. Er unterscheidet zwischen dem Brot, das man mit dem Mund, und dem Leib Christi, den man mit dem Glauben empfängt. Die römische These, daß das Brot nach der Konsekration der wahrhaftige Leib Christi sei, lehnt er entschieden ab, und das „est" in den Deuteworten wird von ihm im Sinne von „significat" verstanden[5]. Nicht zuletzt durch Hoens Brief wird Luther dazu veranlaßt, seine bisherige Abendmahlslehre zu modifizieren. Während er bislang gerade aufgrund seiner Kritik des Meßopfers das Abendmahl von seinem Gemeinschafts- und Zusage- oder Testamentscharakter her verstand, tritt jetzt der Aspekt der Realpräsenz in den Vordergrund. In seiner Schrift „Von Anbeten des Sakraments des hl. Leichnams Christi" aus dem Jahre 1523 wendet sich Luther mit aller Entschiedenheit gegen Hoens signifikative Interpretation der Deuteworte: „Wo man solchen frevel an eynem ortt zu liesse, das man on grund der schrifft möcht sagen, das wortlin ‚Ist' heysse ßo viel als das wortlin ‚Bedeut', ßo kund mans auch an keynen andern ortt weren, unnd wurde die gantze schrifft zu nichte"[6]. Man könne dann ebenso sagen, daß Christus Gott und Mensch *sei*, heiße soviel, daß er Gott und Mensch *bedeute*. Die Reaktion auf den Brief Hoens markiert den Punkt, an dem deutlich wird, daß Zwinglis und Luthers Wege im Abendmahlsverständnis sich unweigerlich trennen. Denn unter Berufung auf Joh. 6 interpretiert Hoen auch das Essen des Fleisches und Trinken des Blutes spiritualistisch, indem er es mit dem Glauben an Christus identifiziert. Seine signifikative Interpretation der Deuteworte rechtfertigt er im übrigen mit Beispielen aus dem biblischen Sprachgebrauch. Und es ist eben diese spiritualistisch-signifikative Auffassung des Abendmahls, der sich Zwingli uneingeschränkt anschließt.

Im November 1524 teilt er dem Reutlinger Prädikanten Matthäus Alber brieflich seine neugewonnene Einsicht über das Herrenmahl mit, und zwar

---

3   CR 95, 86, 5 ff.

4   Vgl. J. Staedtke, Voraussetzungen der Schweizer Abendmahlslehre, in: ThZ 16 (1960), 27 ff.

5   CR 91, 512, 10 ff.; 513, 9 ff.; 517, 37 ff.

6   WA 11, 434, 30 ff.

in impliziter Abgrenzung von Luther, der allerdings namentlich in dem Schreiben nicht auftaucht. Im Mittelpunkt seiner Deutung des Abendmahls steht dabei Joh. 6, ein Text, der sich zwar für Luther gar nicht auf das Abendmahl bezieht, der aber dessen spiritualistisch-signifikative Deutung durch Zwingli stützt. Es ist der Gedanke Hoens, der bei ihm wiederkehrt, wenn er sagt, wer glaube, daß Christus für ihn gestorben sei, der werde innerlich, geistlich mit Leib und Blut Christi gespeist. Die beim Abendmahl stattfindende Speisung mit Leib und Blut Christi ist danach eine manducatio spiritualis, die ihrerseits mit dem Glauben an die Sündenvergebung durch das Kreuzesopfer identisch ist[7]. Das spiritualistische Verständnis der Speisung mit Leib und Blut Christi zieht die signifikative Interpretation der Deuteworte nach sich. Das Abendmahl, dessen Feier Jesus mit dem Wiederholungsbefehl gebietet, bedeutet den Teilnehmern oder ruft ihnen in Erinnerung den Leib, den Christus zur Vergebung ihrer Sünden dahingegeben hat[8]. Abgelehnt wird mit der Realpräsenz von Leib und Blut Christi im Abendmahl zugleich die Vorstellung, daß man Christus corporaliter et essentialiter esse[9]. Es ist nicht mehr nur die römische Transsubstantiation, die Zwingli mit Luther verwirft, sondern in Reaktion auf den Brief Hoens kritisiert er auch die von Luther gegen Hoen verteidigte Realpräsenz. In seinem Ende 1524 verfaßten Kommentar „De vera et falsa religione" sieht er seine spiritualistisch-signifikative Abendmahlsauffassung vor allem durch Joh. 6 gestützt: das Fleisch ist nichts nütze[10]. Wenn aber das Essen und Trinken von Leib und Blut symbolisch zu verstehen ist als Glauben an die durch das Kreuzesopfer bewirkte Sündenvergebung, dann kann das Abendmahl auch nicht länger als Gnadenmittel verstanden werden. Die am Kreuz erworbene Gnade wird vielmehr vom Geist durch das Wort dem Glauben vermittelt, während die Teilnahme am Abendmahl den Glauben ja schon voraussetzt. Das Mahl selbst ist daher für Zwingli ein Mahl der Erinnerung, der commemoratio an das bereits geschehene Kreuzesopfer zur Sündenvergebung, zudem eine öffentliche gemeinschaftliche Bestätigung des Glaubens, ein Bekenntnis- und Pflichtzeichen, durch das die gläubigen Teilnehmer die sündenvergebende Kraft des Todes Christi verkündigen und sich verpflichten, gemäß dem Gebot Christi zu leben[11]. Und Zwingli begründet dieses Verständnis des Abendmahls zudem mit seiner Deutung des Sakramentsbegriffs, wonach „sacra-

---

7   CR 90, 339, 18 f.
8   A. a. O., 345, 27 ff.
9   A. a. O., 350, 6 ff.
10 A. a. O., 782, 30 f.
11 A. a. O., 759.18 ff.; 807, 11 ff.

mentum" im profanen Bereich ursprünglich „Fahneneid" – sacramentum militare – bedeutete.

Als Zwingli 1525 Hoens Brief mit seiner eigenen Zustimmung veröffentlicht, kommt es zum offenen Konflikt mit Luther. In einem Brief an Bugenhagen vom 23. Oktober 1525 bekennt Zwingli, bei Hoen jene köstliche Perle, daß nämlich in den Deuteworten das „est" für „significat" stehe, gefunden zu haben[12]. Die Heftigkeit der Reaktion Luthers auf Zwinglis Hoenrezeption wird erst voll verständlich auf dem Hintergrund der Tatsache, daß gleichzeitig Karlstadt eine spiritualistische Deutung des Abendmahls vorlegt, wenn er sie auch anders begründet als Zwingli. Und zwar habe Christus bei der Aussage „dies ist mein Leib, der für euch gegeben wird" nicht auf das Brot, sondern auf seinen eigenen Körper gezeigt. Dementsprechend kennt auch Karlstadt nur einen geistlichen Genuß von Leib und Blut Christi im Sinne von Joh. 6, während die äußere Abendmahlshandlung nur zum Gedächtnis des Opfers Christi geschieht und somit kein Gnadenmittel ist. Es ist diese Position, die Karlstadt 1524 in mehreren Abendmahlstraktaten vertritt und die Luther in seiner Schrift „Wider die himmlischen Propheten" von 1525 dazu führt, nicht nur den Charakter des Sakraments als Gnadenmittel, sondern auch die Realpräsenz von Leib und Blut Christi im Abendmahl zu betonen. Im Abendmahl wird nicht nur die am Kreuz ein für allemal erworbene Gnade, sondern werden Leib und Blut Christi, die real gegenwärtig sind, an die Kommunikanten ausgeteilt[13]. Dagegen lehnt Zwingli zwar Karlstadts Interpretation der Einsetzungsworte ab, teilt aber ansonsten dessen spiritualistisches Verständnis des Abendmahls, das sich nunmehr rasch verbreitet. Johannes Oekolampad in Basel verteidigt in seiner 1525 publizierten Schrift „De genuina verborum Domini" die tropische Interpretation der Deuteworte in Anlehnung an Zwingli, und schließlich wird auch der Straßburger Reformator Martin Bucer, zuvor mehr Luthers Auffassung zugetan, für sie gewonnen. Der Streit um das Abendmahl beginnt zwar 1525 im oberdeutschen-schwäbischen Raum, kulminiert aber in der 1526 einsetzenden literarischen Auseinandersetzung zwischen Zwingli und Luther. Im Oktober 1526 veröffentlicht Luther seinen „Sermon von dem Sakrament des Leibes und Blutes Christi wider die Schwarmgeister", worauf Zwingli Anfang 1527 mit der „Amica exegesis" reagiert. Im April desselben Jahres erscheint Luthers Schrift „Daß diese Worte ‚Das ist mein Leib' noch fest stehen, wider die Schwarmgeister", im Juni Zwinglis Entgegnung „Daß

---

12 CR 91, 560, 28 f.
13 WA 18, 203, 28 ff.

diese Worte ... ewiglich den alten Sinn haben werden", und den Abschluß macht Luthers Werk „Vom Abendmahl Christi. Bekenntnis" im März 1528.

Mit diesen Streitschriften verlagert sich die Diskussion auf die Ebene der Christologie, weil Luther die Realpräsenz von Leib und Blut des gekreuzigten und erhöhten Christus im Abendmahl mit der Ubiquitätslehre begründet. „Wir glewben, daß Jhesus Christus nach der menscheit sey gesetzt uber alle creaturen und alle ding erfulle ... Ist nicht allein nach der Gottheit sondern auch nach der menscheit ein Herr aller ding, hat alles ynn der hand und ist uberal gegenwertig."[14] Christus ist danach nicht nur seiner göttlichen, sondern auch seiner menschlichen Natur nach allmächtig und allgegenwärtig. Daß er zur Rechten Gottes sitzt, interpretiert Luther daher nicht lokal, sondern die Rechte Gottes ist für ihn allenthalben[15]. Diese christologische Begründung der Realpräsenz von Leib und Blut Christi im Abendmahl weist Zwingli zurück. Zwar bewegt auch er sich wie Luther auf dem Boden der Zweinaturenlehre von Chalcedon, aber das Verhältnis der beiden Naturen zueinander deutet er anders als der Wittenberger. Er lehnt dessen Auffassung, daß die Idiomenkommunikation eine Mitteilung der göttlichen Majestätseigenschaften an die menschliche Natur Christi impliziere, ab. Die Idiomenkommunikation wird von ihm als Allöosis oder Gegenwechsel interpretiert, als eine Redefigur und nicht als eine reale Mitteilung von Eigenschaften. Eine Allöosis liege vor, wenn man eine Natur nenne und die andere oder beide nenne und nur die eine meine[16]. Die Aussage „Der Mensch bzw. der Gottmensch Christus ist allgegenwärtig" sei daher gleichbedeutend mit der Aussage „Christus als Gott ist allgegenwärtig". Aus der Ablehnung der Ubiquität Christi nach seiner menschlichen Natur folgt, daß Zwingli sagen kann, daß „gott ouch usserhalb der menscheyt Christi in allen creaturen" sei[17]. Das bedeutet, daß nicht überall da, wo Gott ist, auch der Mensch Christus ist. „Die sunn ist an irem himmelkreiß; und ist kein sunnenschyn noch tag in der gantzen welt, er ist vonn der einigen sunnen, und wirt ouch die sunn genennet. Noch ist das corpus, der lyb der sunnen, nit hieniden. Und kan also die krafft, der schyn und der glantz der sunnen allenthalb sin, und ist der sunnen lyb nit allenthalb, und wo man sagen kan: ‚Da ist gott‘, da kan man sagen: ‚Da ist der gott, der mensch ist‘. ... Aber das kan man nit sagen:

---

14 WA 19, 491,17 ff.
15 WA 26, 325,26 ff.
16 CR 92, 926.
17 A. a. O., 932.

‚Wo gott ist, da ist der mensch'."[18] Die beiden Naturen werden so von
Zwingli in einer Weise voneinander unterschieden, die Luther zuwider ist.
Aber bei Luther sieht Zwingli die Besonderheit der beiden Naturen und
damit die Eigentümlichkeit Gottes, die sich in seinen Majestätseigenschaften ausdrückt, aufgehoben. Die Unterscheidung von göttlicher und
menschlicher Natur ergibt sich für ihn zudem von dem Hintergrund eines
humanistischen Platonismus her, der zwischen Geist und Materie unterscheidet. Wie Gott daher immaterieller Geist ist, so ist auch die Gegenwart Christi im Abendmahl eine rein geistige, zumal der Sinn des Mahles
in einem geistigen Essen und Trinken, nämlich im Glauben an Christus
besteht. In seiner Schrift „Uiber doctor Martin Luters buch bekenntnuß
genannt" formuliert Zwingli noch einmal den Schweizer Standpunkt in der
Abendmahlsfrage gegenüber Luthers letzter großer Schrift zum Abendmahlsstreit. Danach ist ihm das Sakrament zwar eine sichtbare Form oder
ein Bild der unsichtbaren Gnade, aber diese Gnade ist für ihn der Tod
Christi, der im Abendmahl verkündigt wird, so daß Christus im Gedächtnis des Glaubens gegenwärtig ist. Präsent ist Christus ihm also allein im
Glauben, und das heißt gegenwärtig ist er nur denen, die mit Glauben und
in diesem Sinne würdig am Mahl teilnehmen.

2. Vom Marburger Religionsgespräch zur Wittenberger Konkordie

Bereits 1525 kommt es zu einem Schlagabtausch zwischen Bucer und dem
schwäbischen Reformator Johannes Brenz, in dem der Straßburger sich
unzweideutig zu Zwingli bekennt. In seiner 1526 verfaßten „Apologia"
versteht er die Sakramente als Bekenntnisse des Glaubens und als Gedächtnis der Wohltaten Gottes. Die Interpretation von Joh. 6 führt ihn zu
einer scharfen Gegenüberstellung von Geist und Fleisch und zu einer spiritualistischen Deutung des Verzehrs von Leib und Blut Christi. Auch in der
„Getrewen Warnung" von 1527 hält Bucer an der klaren Unterscheidung
von äußerlichem und innerlichem, geistlichen Essen fest. Aber bereits
1528 unternimmt er mit seiner „Vergleichung D. Luthers und seins ge-
gentheyls vom Abentmal Christi" den ersten Versuch, Wittenberger und
Zürcher Abendmahlsauffassung einer Einigung zuzuführen. Zwar war
schon zuvor von Bucer wie von Oekolampad der Vorschlag eines Reli-
gionsgespräches eingebracht worden. Doch erst unter dem Druck der poli-

---

18 CR 93/2, 157.

tischen Verhältnisse, der die protestantischen Territorien zu einem engeren Zusammenschluß und Verteidigungsbündnis zwingt, gelingt es Landgraf Philipp von Hessen, den Vorschlag zu verwirklichen und Wittenberger, Oberdeutsche und Schweizer nach dem zweiten Reichstag von Speyer vom 1. bis 4. Oktober 1529 in Marburg zu einem Religionsgespräch zu versammeln. Zwar erzielt man in den zentralen Punkten des Glaubens Einigkeit, aber der Dissens im Abendmahlsverständnis läßt sich nicht beheben. Im 15. der von Luther abgefaßten „Marburger Artikel" wird das Gemeinsame ebenso wie das Trennende festgehalten, wobei das Gemeinsame deutlich überwiegt. Denn man ist sich zunächst einig in der communio sub utraque und in der Ablehnung der Messe als verdienstliches Werk. Zwingli stimmt sogar Luthers These zu, daß das Abendmahl ein Sakrament des wahren Leibes und Blutes Christi sei. Auch darin kommt er Luther entgegen, daß das Abendmahl eine Gabe Gottes sei, durch die die schwachen Gewissen zum Glauben bewegt werden sollen. Damit räumt er immerhin ein, daß es sich bei dem Abendmahl wie beim Wort um ein Gnadenmittel handelt. Umgekehrt betont Luther mit Zwingli die Notwendigkeit der geistlichen Nießung von Leib und Blut Christi. Der einzige Punkt, in dem man sich nicht verständigt, betrifft die Frage, ob der wahre Leib und das wahre Blut Christi leiblich im Brot und Wein seien[19]. Zwar nähern sich Luther und Oekolampad am 3. Oktober an, insofern Oekolampad erklärt, daß es sich bei dem Abendmahl nicht nur um ein Zeichen handle, sondern der wahre Leib durch den Glauben hier anwesend sei[20]. Aber es kommt dennoch zu keinerlei Einigung über die Art der Anwesenheit des Leibes Christi.

Dieser Dissens wird noch verstärkt durch die Tatsache, daß man im folgenden Jahr die Oberdeutschen und Schweizer von der „Confessio Augustana" ausschließt. Daraufhin legen die Oberdeutschen Reichsstädte Straßburg, Konstanz, Lindau und Memmingen ihr eigenes Bekenntnis, die „Confessio Tetrapolitana" vor, während Zwingli seine „Fidei Ratio" an

---

19 Die Bekenntnisschriften der evangelisch-lutherischen Kirche, 9.Aufl, Göttingen 1982 (BSLK), 65, 14 ff.
20 G. May, Das Marburger Religionsgespräch 1529, Gütersloh 1970, 28. Vgl. W. Köhler, Zwingli und Luther. Ihr Streit über das Abendmahl nach seinen politischen und religiösen Beziehungen, Bd. 2, Gütersloh 1953; ders., Das Religionsgespräch zu Marburg 1529, Tübingen 1929; ders., Warum sind Luther und Zwingli 1529 in Marburg nicht einig geworden?, in: NAKG NS 22 (1929), 73–90; ders., Das Religionsgespräch zu Marburg 1529, in: Zwingliana 5 (1929–33), 81–102; W. H. Neuser, Eine unbekannte Unionsformel Melanchthons vom Marburger Religionsgespräch, in: ThZ 21 (1965), 181–199; S. Hausammann, Die Marburger Artikel – eine echte Konkordie?, in: ZKG 77 (1966), 288–321.

Karl V. adressiert. Gleichwohl ist es für die spätere Entwicklung der reformierten Abendmahlslehre erforderlich, den Abendmahlsartikel der CA
zur Kenntnis zu nehmen. Die lateinische Fassung lautet recht unverfäng-
lich: „Vom Herrenmahl lehren sie, daß Leib und Blut Christi wahrhaft
gegenwärtig sind und denen, welche im Herrenmahl genießen, ausgeteilt
werden; und sie lehnen diejenigen ab, die anders lehren."[21] Hier ist zwar
von der wahrhaften Gegenwart von Leib und Blut Christi die Rede, aber
nur allgemein im Abendmahl, und beides, Leib und Blut Christi, werden
den Kommunikanten ausgeteilt. Im deutschen Text heißt es hingegen in
Anlehnung an das römische Transsubstantiationsdogma, daß wahrer Leib
und Blut Christi wahrhaftiglich nicht nur im Abendmahl, sondern unter
der Gestalt des Brots und Weins gegenwärtig seien und nicht nur ausgeteilt, sondern auch genommen würden. Schließlich wird die andere Abendmahlslehre – gemeint sind Zwingli, Oekolampad und die Oberdeutschen –
nicht nur abgelehnt, sondern ausdrücklich verworfen. Doch auch abgesehen von der Differenz zwischen lateinischer und deutscher Fassung ist
deutlich, daß sich der Graben zwischen der Position der Wittenberger und
ihrer Anhänger im Reich und den Schweizern und Oberdeutschen vergli-
chen mit Marburger Abendmahlsartikel verbreitert hat.

Gleichwohl zeigen sich gerade die Oberdeutschen in Augsburg bemüht,
sich den Wittenbergern anzunähern. So heißt es im 18. Artikel der „Confessio Tetrapolitana", daß Christus im Abendmahl seinen Jüngern und
Gläubigen seinen wahren Leib und wahres Blut wahrlich zu essen und zu
trinken gibt zur Speisung der Seelen und zum ewigen Leben[22]. Einerseits
wird, obgleich man den Ausdruck „substanzlich" vermeidet, durch das
mehrfache „wahr" und „wahrlich" die Realpräsenz suggeriert; während
andererseits ganz im Sinne der alten Straßburger Lehre nur von einer
manducatio spiritiualis die Rede ist. Dies wird noch dadurch unterstrichen,
daß das Abendmahl ausschließlich für die Gläubigen gedacht ist. Gleichwohl bekennt sich Bucer in den noch auf dem Reichstag einsetzenden
Bemühungen um eine Einigung in der Abendmahlsfrage gegenüber Melanchthon zu der These von der wahrhaften, wenn auch verborgenen Gegenwart selbst des Leibes Christi im Abendmahl. Damit ist zunächst der

---

21 CA 10. Vgl. W. H. Neuser, Die Abendmahlslehre Melanchthons in ihrer geschichtlichen
    Entwicklung (1519–1530), Neukirchen 1968; W. Maurer, Zum geschichtlichen Ver-
    ständnis der Abendmahlsartikel in der CA, in: Festschrift Gerhard Ritter, Tübingen
    1950, 161–209; E. Bizer/ W. Kreck, Die Abendmahlslehre in den reformatorischen Be-
    kenntnisschriften, ThEx NF 47, München 1959.
22 Die Bekenntnisschriften der reformierten Kirche, hg. v. E. F. K. Müller, Leipzig 1903
    (BSRK), 72, 17 ff.

Weg für eine Kontaktaufnahme mit Luther in Coburg gebahnt, und auch Zwingli erklärt sich bereit, eine Gegenwart des Leibes Christi zuzugestehen, wenngleich er darauf insistiert, daß der Leib Christi nicht auf natürliche oder leibliche Weise zugegen sei. Sofort wird aber wieder die Differenz deutlich, wenn er gegenüber den Baselern erklärt, daß Christus im Nachtmahl sakramentlich, nämlich dem reinen, gottesfürchtigen Gemüt gegenwärtig sei. Doch 1531 beginnt nach dem Beitritt Straßburgs und der schwäbischen Städte zum Schmalkaldischen Bund sowie dem Tode Zwinglis und Oekolampads die verstärkte Annäherung der Oberdeutschen an die Wittenberger und damit zugleich eine Distanzierung von der rein spiritualistisch-symbolischen Abendmahlslehre der Schweizer. Entscheidend sind hier die Bemühungen Bucers, die Unterschiede zwischen Wittenbergern und Schweizern in der Abendmahlslehre als nicht fundamental zu erweisen und so einer Konkordie vorzuarbeiten. Dabei verlagert sich zugleich der Schwerpunkt der Diskussion. Denn während der Streitpunkt bislang die reale Gegenwart des Leibes Christi im Sakrament war, geht es nunmehr um die Frage, ob der real gegenwärtige Leib auch dem Mund der Kommunikanten gegenwärtig sei. Es geht mit anderen Worten nicht mehr um die Realpräsenz, sondern um die manducatio impiorum, die von Luther in das Zentrum gerückt wird. Eine manducatio impiorum ist allerdings dem spiritualistisch-symbolischen Abendmahlsverständnis Zwinglis völlig zuwider, so daß eine Annäherung Bucers an Luther in diesem Punkt zwangsläufig den Bruch mit dem Zürcher zur Folge hat. Zudem bedeutet der Beitritt der Oberdeutschen zum Schmalkaldischen Bund die Anerkennung der CA und eine an ihr ausgerichtete Interpretation der „Confessio Tetrapolitana".

Einen ersten Schritt auf dem weiteren Weg der Einigung zwischen den Oberdeutschen und den Anhängern Luthers stellt die „Stuttgarter Konkordie" von 1534 dar, wonach – wie schon in dem damals von Zwingli und Oekolampad abgelehnten Vergleichsvorschlag – Leib und Blut Christi „warhaftiklich hoc est esentialiter et substantive, non autem qualitative vel quantitative vel localiter im nachtmal gegenwirtig siend und geben werdind"[23]. In einem zweiten Schritt kommt es im selben Jahr zu einer Einigung zwischen Bucer und Melanchthon in dem vom hessischen Landgrafen anberaumten Kasseler Gespräch, wo Bucer Luther soweit entgegenkommt, daß die Aussage, der Leib Christi werde mit dem Brot wahrhaft dargeboten und empfangen, sich zwar eigentlich auf das Brot beziehe, aber aufgrund der in der sakramentalen Einigung begründeten Synekdoche

---

23 W. Köhler, Zwingli und Luther, Bd. 2, 337.

auch dem Leib Christi zugeschrieben werden könne[24]. Mit dem Beitritt
auch Augsburgs zum Schmalkaldischen Bund und damit zur CA scheint –
dies der dritte Schritt – das Abrücken der Oberdeutschen von der spiritualistisch-symbolischen Abendmahlslehre endgültig besiegelt. Und schließlich – der vierte Schritt – bewegen sich auch die Schweizer auf dem Base-
ler Konvent in der dort in Gegenwart Bucers und Capitos am 30. Januar
1536 angenommenen „Confessio Helvetica Prior" in der Abendmahlsfrage
auf eine Einigung zu. Das Bekenntnis ist eine Gemeinschaftsarbeit von
Heinrich Bullinger und Leo Jud aus Zürich, Kaspar Megander aus Bern
sowie Simon Grynäus und Oswald Myconius aus Basel. Zunächst heißt es
dort allgemein von den Sakramenten, daß sie nicht allein äußere Zeichen
der christlichen Gesellschaft, sondern auch Zeichen der göttlichen Gnade
seien[25]. In Bezug auf das Abendmahl wird dann erklärt, daß Brot und
Wein heilige Wahrzeichen seien, durch die vom Herrn selbst durch den
Dienst der Kirche die wahre Gemeinschaft des Leibes und Blutes Christi
den Gläubigen vorgetragen und dargeboten werde, und zwar nicht zu einer
Speisung des Bauches, sondern zur Ernährung des geistlichen und ewigen
Lebens[26]. Bei seinen Verhandlungen mit Luther und seinen Anhängern,
die schließlich im Mai 1536 in Wittenberg stattfinden, legt Bucer das Bekenntnis Luther zur Begutachtung vor, der zwar keine Einwände gegen die
Confessio erhebt, aber von den Schweizern die Zustimmung zur inzwischen mit Bucer verabschiedeten „Wittenberger Konkordie" verlangt.

Als der eigentlich strittige Punkt der Diskussion über das Abendmahl,
die der Konkordie vorausgeht, erweist sich, wie nach den vorangegange-
nen Verhandlungen nicht anders zu erwarten, die Frage des Essens der
Gottlosen. Bucer trifft hier einen Unterschied zwischen den Gottlosen, die
auch den Worten des Sakraments nicht glauben, die also nicht glauben,
daß ihnen Leib und Blut dargereicht werden, und solchen, die zwar diesen
Worten glauben, aber ohne rechte Andacht und lebendige Annahme der
angebotenen Gnade, also ohne wahren lebendigmachenden Glauben. Er-
steren würden zwar Leib und Blut Christi angeboten und dargereicht, aber
sie empfingen nur Brot und Wein, während letztere auch Leib und Blut
Christi erhielten, allerdings sich selbst zum Gericht. Die weitere Diskussion führt dann zu einer Präzisierung dieser zwei Kategorien von Gottlosen, nämlich zur Unterscheidung zwischen denen, die gar keinen Glauben

---

24 G. Müller, Die Kasseler Vereinbarung über das Abendmahl von 1534, in: Jahrbuch der
    Hessischen kirchengeschichtlichen Vereinigung 18(1967), 125–134.
25 BSRK 106, 36.
26 BSRK 107, 18.

haben, und den Unwürdigen. An diesem Punkt gibt Luther schließlich nach, indem er Bucer die Auffassung zugesteht, daß den Gottlosen, die über keinerlei Glauben verfügen, Leib und Blut Christi zwar angeboten und dargereicht, daß sie aber von ihnen nicht genossen würden. In der „Wittenberger Konkordie" ist von den Gottlosen dann gar nicht mehr die Rede, sondern nur noch davon, daß auch den Unwürdigen Leib und Blut Christi wahrhaft dargereicht würden und beides von ihnen wahrhaft empfangen werde, wenngleich sie es ohne wahre Buße und wahren Glauben sich selbst zum Gericht empfingen[27]. Damit ist zwar eine erhebliche Annäherung der ursprünglich rein spiritualistisch-symbolischen Abendmahlslehre Bucers an diejenige Luthers erreicht, aber von einer Übereinstimmung wird man kaum sprechen können. Denn Luthers Interesse ist ganz auf die vom Empfänger unabhängige Objektivität des mit Brot und Wein vereinigten Leibes und Blutes Christi gerichtet, ein Interesse, das ihn letztlich zu der Aussage zwingt, daß Leib und Blut Christi nicht nur den Gläubigen und selbst den Unwürdigen, sondern auch den Gottlosen dargereicht und von ihnen auch mündlich empfangen würden. Luther vertritt also nicht nur die manducatio indignorum, sondern auch die manducatio impiorum. Demgegenüber kommt Bucer von seinem ursprünglichen spiritualistischen Ansatz nicht los, weil für ihn der Glaube, sei es nun als lebendiger oder auch nur als toter, die Voraussetzung dafür ist, daß die Abendmahlsteilnehmer Leib und Blut Christi nicht nur angeboten bekommen, sondern auch empfangen. Wo kein Glaube vorhanden ist, werden Leib und Christi zwar angeboten, aber nicht empfangen, sondern was empfangen wird, sind nur die Zeichen von Brot und Wein.

Die Wittenberger Konkordie wird aufgrund der nunmehr einsetzenden Vermittlungstätigkeit Bucers von den oberdeutschen Städten, wenngleich vielfach mit starken Vorbehalten, angenommen. Auch bei den Schweizern findet sie zunächst durchaus Anklang. Doch schließlich siegt die distanzierte Haltung der Zürcher unter Bullinger, der an der „Confessio Helvetica Prior" als hinreichender Grundlage für die Einigung festhält und sich an Luthers Kritik an Zwingli stößt. Schließlich verfassen die Schweizer Ende 1536 bei einem Treffen in Basel einen Brief an Luther, in dem sie ihren eigenen Standpunkt in der Abendmahlsfrage noch einmal darlegen. Danach sind die Sakramente nicht nur Wahrzeichen christlicher Gemeinschaft, sondern auch sichtbare Bilder göttlicher Gnade gegen uns, die uns unter irdischen Zeichen die himmlischen Gaben vor Augen stellen. Das

---

27 E. Bizer, Studien zur Geschichte des Abendmahlsstreits im 16. Jahrhundert, 3. Aufl., Darmstadt 1972, 118.

sichtbare Zeichen wird durch den Leib, die himmlische Gabe, die es bezeichnet, vom gläubigen Gemüt empfangen. Mit Brot und Wein verkündet uns Christus, daß er sich uns selbst schenkt als Speise des Lebens für unsere Seelen. Als roh und fleischlich abgelehnt wird die Auffassung, daß man den Leib Christi substanzlich, das heißt leiblich und fleischlich esse, als ob der Leib im Brot verschlossen wäre. Vielmehr sei das Essen des Leibes Christi ein rein geistlicher Vorgang im Gemüt, gebunden an den rechten lebendigen Glauben[28]. Damit wird Bucers Zugeständnis einer manducatio indignorum ausgeschlossen. Auch wenn es Unterschiede zwischen den Schweizer Städten und Theologen in ihrer Haltung zur Konkordie gibt, das Zentrum der Schweizer Reformation, das Zürich Bullingers, bleibt bei seiner strikten Ablehnung und hält statt dessen am spiritualistisch-symbolischen Abendmahlsverständnis Zwinglis fest.

3. Vom Zürcher Bekenntnis zum zweiten Abendmahlsstreit

Das Scheitern der „Wittenberger Konkordie", also das Fehlschlagen von Bucers Versuch, durch die Behauptung der Realpräsenz und die manducatio indignorum eine Einigung in der Abendmahlsfrage zwischen Wittenbergern und Schweizern zuwegezubringen, führte zu einer Verhärtung der Fronten. Das wird besonders deutlich an der Reaktion der Zürcher auf Luthers 1544 erschienenes „Kurzes Bekenntnis vom hl. Sakrament", in dem er seine eigene Abendmahlslehre noch einmal klar umreißt. Im „Zürcher Bekenntnis" faßt Bullinger hingegen seine an Zwingli orientierte Abendmahlslehre pointiert zusammen. Das Mahl ist eine Handlung zum Gedächtnis des dahingegebenen Leibes und vergossenen Blutes, so daß, wenn von Leib und Blut die Rede ist, immer der Kreuzestod Christi gemeint ist. Daraus ergibt sich zwangsläufig, daß Leib und Blut nicht leiblich gegenwärtig sind, da im Abendmahl ja das Kreuzesopfer nicht wiederholt wird. Vielmehr sind beide nur dem gläubigen Gemüt gegenwärtig[29]. Das Essen des Leibes und Trinken des Blutes meint daher für Bullinger nichts anderes als an den Versöhnungstod Christi zu glauben. Die Ablehnung der leiblichen Gegenwart wird mit der lokal verstandenen Himmelfahrt Christi begründet, so daß Christus als Mensch nach seiner Auffahrt im Himmel zur Rechten Gottes sitzt und nicht zugleich leiblich im Abendmahl gegenwärtig sein kann. Das „Zürcher Bekenntnis" resümiert somit noch

---

28 A. a. O., 176.
29 BSRK 144.

einmal die Abendmahlsauffassung des Zürcher Zwinglianismus ohne jedes Zugeständnis an Bucers Vermittlungsversuche. Für die weitere Entwicklung der reformierten Abendmahlslehre ist nun zweierlei wichtig. Zwar ist der Graben zwischen den Zürchern und Luther mittlerweile unüberbrückbar. Aber zum einen rückt Melanchthon in der Abendmahlsauffassung von Luther ab, was sich in der Modifikation des Abendmahlsartikels der CA zeigt. Und zum andern kommt es zu einer Annäherung des dem Zwinglianismus distanziert gegenüberstehenden Calvin an Bullinger, eine Annäherung, die schließlich im Consensus Tigurinus mündet. Was das erste betrifft, so entsteht im Schmalkaldischen Bund das Bedürfnis, die CA den durch die Wittenberger Konkordie geschaffenen neuen Verhältnissen anzupassen. Das führt zur Entstehung der CA „variata" und zu Abänderung des Abendmahlsartikels der CA durch Melanchthon. In der neuen Formulierung wird die Realpräsenz ebensowenig erwähnt wie die manducatio indignorum oder gar die manducatio impiorum. Vielmehr heißt es denkbar knapp, daß den Kommunikanten mit – cum – Brot und Wein wahrhaft Leib und Blut Christi dargeboten werden[30]. Die Tatsache, daß Melanchthon einerseits zwar eine Realpräsenz Christi anerkennt, sie aber nicht auf die Elemente, sondern auf die Abendmahlshandlung als ganze bezieht, und daß er andererseits die geistliche Nießung von Leib und Blut Christi betont, ermöglicht ihm ebenso wie seine Kritik an der Ubiquitätslehre Luthers ein Zusammengehen mit Calvin in der Abendmahlsfrage. Denn für Calvin gilt, daß er sich zunächst einmal kritisch gegen Zwinglis Abendmahlsverständnis wendet, obgleich er sich bereits in der „Institutio" von 1536 auch ablehnend gegenüber der Deutung der Realpräsenz durch Luther verhält. Gerade diese Mittelstellung, die noch verstärkt wird durch seinen Straßburger Aufenthalt und seine Anerkennung der „Wittenberger Konkordie", zeigt eine gewisse Verwandtschaft mit der Position Melanchthons.

Calvins Abendmahlslehre in der ersten Auflage der „Institutio" ist zwar stark von Luthers frühen Abendmahlsschriften vor seinem Streit mit Zwingli geprägt[31], aber bereits hier spricht er sich gegen die Ubiquitätslehre aus. Doch die Anlehnung an Luther und dann auch an Bucer läßt ihn im Unterschied zu Zwingli darauf insistieren, daß uns in den Sakramenten etwas von Gott gegeben wird, und zwar im Abendmahl Leib und Blut

---

30 BSLK 65, 4 f.
31 Vgl. W. Niesel, Calvins Lehre vom Abendmahl, München 1930; H. Grass, Die Abendmahlslehre bei Luther und Calvin, 2. Aufl., Gütersloh 1954; G. Rogge, Virtus und res. Um die Abendmahlswirklichkeit bei Calvin, Stuttgart 1965.

Christi. Dies macht er bereits in der „Confession sur l'eucharistie" deutlich, die er für die Berner Synode von 1537 abfaßt. Das Verhältnis zwischen den Elementen und Leib und Blut Christi denkt er sich ganz ähnlich
wie Bucer. In seinem „Traité de la Cène" von 1541 erklärt er, daß Brot
und Wein sichtbare Zeichen seien, die uns den Leib und das Blut Christi
darstellen, und daß sie Leib und Blut genannt würden, weil sie die Instru-
mente seien, durch die uns Christus seinen Leib und sein Blut mitteile[32].
Unsere Gemeinschaft mit dem Leib und Blut Christi könne man weder mit
dem Auge sehen noch mit dem Verstand begreifen, sondern sie werde
durch sichtbare Zeichen dargestellt, die somit keine leeren Zeichen seien,
sondern in Verbindung mit der bezeichneten Wahrheit oder Substanz
stünden. Als es schließlich durch den Übergang Berns zum Zwinglianismus und damit zu einem engen Anschluß an Zürich kommt, hält es Calvin
aufgrund der Nähe Genfs aus politischen Gründen für geboten, Kontakt zu
Bullinger aufzunehmen. Der 1547 einsetzende Briefwechsel zwischen
Calvin und Bullinger bildet die Grundlage für die Einigung zwischen Zürich und Genf in der Abendmahlsfrage.

Zunächst kritisiert Calvin Bullingers Abendmahlsauffassung an mehreren Punkten, wobei die Frage der Realpräsenz im Zentrum steht. Bullingers Begründung der Unmöglichkeit der Realpräsenz mit der Definition
des Abendmahls als einer Gedächtnishandlung wird von ihm zurückge-
wiesen. Das Abendmahl ist für Calvin Erinnerung nicht an eine vergangene, sondern an eine gegenwärtige Sache. Zwar sei Christus für alle körper-
lichen Sinne abwesend und unsichtbar, da sein Leib sich im Himmel befinde. Aber den frommen Seelen sei er durch die Kraft seines Geistes
durchaus gegenwärtig, so daß er die Gläubigen auf wundersame Weise
ernähren könne. Wohl sei das Essen des Leibes Christi nicht körperlich,
doch nichtsdestoweniger sei es wirklich. Und insofern uns dadurch kraft
des Geistes die Gnade mitgeteilt werde, sei das Sakrament nicht nur ein
Zeichen der Gnade, sondern die Gnade werde durch das Sakrament
übertragen. Zwar setze das Sakrament den Glauben voraus, aber da es uns
geistliche Gaben mitteile, fördere und stärke es auch den Glauben. Die
Elemente des Abendmahls bedeuten für Calvin nicht nur, daß der Leib
Christi einmal für mich geopfert wurde, sondern sie bedeuten darüber
hinaus auch, daß wir jetzt mit ihm gespeist werden. Damit gewinnt das
Abendmahl allerdings einen anderen Charakter als bei Bullinger. Es wird
einerseits betont, daß uns im Abendmahl etwas dargeboten wird. Diese

---

32 J. Calvin, Opera quae supersunt omnia, ed. G. Baum, E. Kunitz, E. Reuss, Braun-
schweig/ Berlin 1863–1900 (CO), Bd. 5, 438 f.

Gabe ist nicht nur der vergangene Kreuzestod, sondern sind Leib und Blut Christi. Beide müssen daher im Abendmahl dem Kommunikanten wirklich gegenwärtig sein. Aber die Verbindung mit ihnen wird bewirkt durch den heiligen Geist und setzt daher den Glauben der Kommunikanten voraus.

An Bullinger meint Calvin kritisieren zu müssen, daß er nicht sehen wolle, daß Christus, wie er einmal für uns dahingegeben sei, uns auch täglich angeboten werde, damit wir mit ihm eins seien. Doch in diesem Punkt zeigt sich Bullinger durchaus gesprächsbereit. Er kann nämlich den Begriff so erklären, daß er darunter auch die Weise versteht, durch die wir an Christus partizipieren, indem Christus durch seinen Geist in uns eindringt und so zur lebendigmachenden Speise unserer Seele wird. Damit sind jedoch die Voraussetzungen geschaffen für eine Einigung zwischen Zürich und Genf in der Abendmahlsfrage, die auch Bucers Zustimmung findet. 1549 wird auf der Basis dieser Einigung der „Consensus Tigurinus" geschlossen, der seinen Ausgang beim allgemeinen Sakramentsbegriff nimmt. Die Sakramente rufen uns Christi Tod und alle seine Wohltaten ins Gedächtnis. Ihr vornehmster Zweck ist es, daß Gott durch sie uns seine Gnade bezeugt, vergegenwärtigt und besiegelt. Da aber die Siegel Gottes wahrhaftig sind, gibt Gott innerlich durch seinen Geist das, was die Sakramente für die Sinne abbilden. Voraussetzung für den Empfang der geistlichen Gabe ist daher der Besitz des Geistes, der aber nur bei den Erwählten gegeben ist, die kraft des Geistes glauben. Christus weidet unsere Seelen durch den Glauben in der Kraft des Geistes, indem wir sein Fleisch essen und sein Blut trinken, ohne daß dadurch eine Vermischung der Substanz geschieht. Jede Vorstellung einer lokalen Gegenwart von Leib und Blut Christi wird mit dem Hinweis auf das lokale Verständnis der Himmelfahrt Christi abgewiesen, weil der Leib Christi gemäß der Natur des menschlichen Körpers begrenzt ist und sich an einem himmlischen Ort befindet[33]. Gerade der auf Calvins Wunsch hin später eingefügte Art. XXIII, in dem von der geistlichen Nießung von Fleisch und Blut Christi die Rede ist, zeigt, daß sich die Zürcher in diesem Punkt der Genfer Abendmahlsauffassung zu nähern bereit sind.

Der „Consensus Tigurinus" ist jedoch nicht nur das Dokument der Einigung von Zürich und Genf in der Abendmahlsfrage, sondern seine Publikation im Jahre 1551 markiert zugleich den Beginn des zweiten Abend-

---

33 BSRK 159 ff.

mahlsstreits[34]. Als der Hamburger Superintendent Joachim Westphal aus Antwerpen die Nachricht erhält, daß sich in den Niederlanden, in England und Frankreich die Sekte der Sakramentierer ausbreite und sie sich auf Calvin berufe, eröffnet er mit seiner „Farrago confuseanarum et inter se dissidentium opiniorum" 1552 den literarischen Kampf gegen die Abendmahlslehre der Schweizer. Dem Schreiben aus Antwerpen war Johannes a Lascos im selben Jahr erschienene „Tractatio" beigelegt, in der der Leiter der niederländischen Flüchtlingsgemeinde in London den „Consensus Tigurinus" als gesamtprotestantische Konkordie vorschlug. Als im folgenden Jahr nach dem Regierungsantritt Marias der Katholischen A Lasco mit seiner Gemeinde aus England fliehen muß und von den Lutheranern abgewiesen wird, holt Calvin mit seiner „Defensio sanae et orthodoxae doctrinae" 1555 gegen Westphal aus. Der Streit entwickelt sich zugleich um einen Streit über den Abendmahlsartikel der CA. Denn Calvin vertritt gegenüber Westphal die Auffassung, daß der Artikel in der „Variata" sachlich mit der Abendmahlsauffassung des „Consensus Tigurinus" übereinstimme[35]. Als Westphal ihn dagegen auf die Auslegung des Artikels in der „Apologie" verweist, beruft sich Calvin in seiner „Secunda defensio" von 1556 auf Melanchthon als Verfasser der „Variata", der bereits seit längerem von der Abendmahlslehre der „Apologie" abgerückt sei[36]. Die Berufung auf die CA wird inzwischen schon deshalb zu einer Notwendigkeit, weil der Augsburger Religionsfriede von 1555 die Sakramentierer verwirft und nur die Anhänger der CA unter Rechtsschutz stellt. Als auch A Lasco, dessen Flüchtlingsgemeinde im selben Jahr in Frankfurt Aufnahme findet, sich in seiner „Purgatio" 1556 sogar zur wahrhaften und substantiellen Gegenwart von Leib und Blut Christi bekennt und auf den Abendmahlsartikel der CA und Melanchthon beruft, schreibt Westphal 1557 gegen ihn sein „Responsum ad scriptum Joh. a Lasco, in quo Augustanam Confessionem in Cinglianismum transformat". Und um Calvins Berufung auf Melanchthons Abendmahlslehre als illegitim zu erweisen, publiziert er eine Sammlung von Aussagen Melanchthons über das Herrenmahl, woraufhin Calvin in seiner Antwort die Veränderungen in der Abendmahlslehre Melanchthons geltend macht.

---

34 H. Gollwitzer, Coena Domini. Die altlutherische Abendmahlslehre in ihrer Auseinandersetzung mit dem Calvinismus dargestellt an der lutherischen Frühorthodoxie, München 1937; Th. Mahlmann, Das neue Dogma der lutherischen Christologie, Gütersloh 1969; R. Kruske, Johannes a Lasco und der Sakramentsstreit, Leipzig 1901, Nachdruck Aalen 1972.

35 CO 9, 18 f.

36 CO 9, 70.

Noch ein letztes Mal unternimmt Calvin den Versuch, mit den Lutheranern einen Konsens zu erreichen, diesmal ohne Bullinger davon in Kenntnis zu setzen. Für Calvins Abendmahlslehre stellt der von Bullinger immer heftig kritisierte Begriff der Substanz die Brücke zu den Lutheranern dar. Er erlaubt es ihm, davon zu sprechen, daß Leib und Blut Christi im Abendmahl substantialiter gegenwärtig sind, wie dies seit dem Marburger Gespräch von lutherischer Seite immer wieder behauptet, von den Zürchern entschieden bestritten und von Bucer in der „Wittenberger Konkordie" zugestanden wurde. Allerdings meint Calvin damit etwas anderes als Luther. Daß die Gläubigen von der substantia des Leibes und Blutes Christi genährt werden, bedeutet für ihn, daß ihnen die lebendigmachende und erneuernde Kraft, die virtus des für uns dahingegebenen Leibes und vergossenen Blutes mitgeteilt wird[37]. Ausgeschlossen werden soll dabei allerdings, daß eine substantielle Vermischung von Gott und Mensch zustandekommt, bei der Gott sich selbst in die Gläubigen ergießt. Auch ist die Speisung ja keine mündliche, sondern eine geistliche der gläubigen Seele, die bewirkt wird durch den heiligen Geist, der die Herzen in die Höhe zum himmlischen Christus führt. Als Beza und Farel 1557 von Calvin nach Straßburg, in die Pfalz und nach Württemberg geschickt werden, legen sie dort eine Eintrachtsformel vor, die „Confessio Goeppingiensis", die ausgiebigen Gebrauch vom Substanzbegriff macht. Danach wird im Abendmahl die Substanz von Leib und Blut Christi Glaubenden wie Nichtglaubenden dargeboten[38]. Doch auch dieser letzte Versuch Calvins, eine Einigung in der Abendmahlsfrage zu erzielen, scheitert. Seine Hoffnung, Melanchthon auf seine Seite ziehen zu können, wird enttäuscht. Denn auf dem Wormser Kolloquium 1557 distanziert sich Melanchthon ausdrücklich von Zwingli, während Calvin sich in seinen Schweizer Einigungsverhandlungen umgekehrt Zwingli angenähert hatte. Damit sind alle Vorstösse, eine gesamtprotestantische Abendmahlsauffassung zu entwickeln, gescheitert. Und die Verhärtung des Dissenses in der Abendmahlsfrage bildet den Ausgangspunkt für die Festschreibung weiterer Unterschiede in der Christologie und Prädestinationslehre, die dann zu verschiedenen Bekenntnissen führen.

---

37 CO 9, 70 ff.
38 CO 16, 469 ff., 576 ff., 609 ff.

4. Die bekenntnismäßige Ausgestaltung der reformierten Abendmahlslehre

Die calvinistische Abendmahlsauffassung findet sich am reinsten in der „Confessio Gallicana", die die hugenottische Nationalsynode 1559 in Paris annimmt und die auf Calvin selbst zurückgeht. Danach ist das Abendmahl ein Zeugnis unserer Einheit mit Christus, der nicht nur einmal für uns gestorben und auferstanden ist, sondern uns auch mit seinem Fleisch und Blut wahrhaft nährt, so daß wir mit ihm eins sind. Das wird in spezifisch calvinistischer Terminologie so verstanden, daß uns, obwohl Christus bis zu seiner Wiederkunft zum Gericht im Himmel sei, der Heilige Geist uns auf unbegreifliche Weise mit der Substanz des Leibes und Blutes Christi geistlich speise und belebe[39]. Zwar bietet Gott im Abendmahl allen wirklich das an und gibt allen, was die Zeichen von Brot und Wein bezeichnen, nämlich Leib und Blut Christi, aber nur die Gläubigen empfangen das Bezeichnete, das eine Speise der Seele ist so wie es sich bei Brot und Wein um eine Speise des Körpers handelt. Da gerade die für Calvin und auch Beza typische Verwendung des Substanzbegriffs nicht unumstritten war, sah sich die Nationalsynode von La Rochelle 1571 genötigt, sie ausdrücklich gegenüber ihren Kritikern zu rechtfertigen, um zugleich eine grobe, materielle Vorstellung der Vereinigung mit der Substanz von Leib und Blut Christi auszuschließen. Der Substanzbegriff soll danach zum Ausdruck bringen, daß wir nicht nur am Verdienst Christi und seinen Gaben Anteil gewinnen, sondern daß Christus selbst durch den Heiligen Geist in uns wirkt und wir an seinem Leib und Blut teilhaben[40]. Das ist ein Aspekt, den die von Calvin inspirierten Bekenntnisse, das Schottische ebenso wie das Niederländische, teilen. So lehnt John Knox in der 1560 vom schottischen Parlament angenommenen „Confessio Scoticana" zwar die Transsubstantiationslehre ab, hält aber an der Gemeinschaft mit Leib und Blut Christi fest. Diese „Vereinigung und Gemeinschaft mit dem Leib Christi ... wirkt in uns der Heilige Geist, der uns auf den Flügeln des wahren Glaubens über alles Körperliche, Irdische und Sichtbare erhebt und uns den wahren, einmal für uns gebrochenen Leib Christi und sein wahres für uns vergossenes Blut zum Genießen darreicht, nämlich den Leib, so wie er jetzt im Himmel für uns vor dem Vater erscheint. Von diesem Leib selbst aber, verherrlicht und unsterblich, der jetzt im Himmel ist, also in unendlicher Ferne von uns Sterblichen hier auf Erden, bekennen wir unentwegt,

---

39 BSRK 230, 24 ff.
40 BSRK 230, Anm. 3.

daß das Brot, das wir brechen, die Gemeinschaft mit dem Leibe Jesu Christi ist"[41]. Es sind aber wiederum nur die Gläubigen, die vermittelt durch den Heiligen Geist den Leib Christi essen und sein Blut trinken, so daß sie mit dem erhöhten Menschen Christus eins und mit denselben außerordentlichen Gaben von Gott beschenkt werden wie er. Die „Confessio Belgica" verbindet die sakramentale Zeichenhandlung mit dem Bezeichneten so, daß, wie wir Brot und Wein mit dem Mund essen und trinken zur Erhaltung unseres natürlichen Lebens, wir im Glauben in unserer Seele Leib und Blut Christi empfangen zur Erhaltung unseres geistlichen Lebens. „Was wir essen, das ist der eigentliche, natürliche Leib Christi, und was wir trinken, das ist sein eigenes Blut. Doch die Art der Nießung ist solcherweise, daß sie nicht mit dem leiblichen Mund geschieht, sondern im Geist durch den Glauben. Und so sitzt Christus zur Rechten seines Vaters im Himmel und teilt sich uns nichtsdestoweniger durch den Glauben mit."[42]

Das Beharren auf dem Substanzbegriff und die Betonung dessen, daß es Leib und Blut Christi sind, die die Gläubigen im Abendmahl genießen, ändern aber nichts an der Tatsache, daß die calvinististische Abendmahlslehre des hugenottischen, schottischen und niederländischen Bekenntnisses wenig gemein hat mit der lutherischen Vorstellung einer Realpräsenz von Leib und Blut Christi im Abendmahl. Dieselbe Distanz gegenüber dieser Vorstellung zeigt sich im zweiten „Common Prayer Book" ebenso wie in den verschiedenen Versionen der „Anglikanischen Artikel". Als unter Eduard VI. das Allgemeine Gebetbuch 1552 revidiert wird, betrifft dies vor allem die Abendmahlsordnung. Alle römischen Reminiszenzen werden eliminiert, und Erzbischof Thomas Cranmer legt der Ordnung ein Abendmahlsverständnis zugrunde, das deutlich durch die im englischen Exil lebenden Theologen Bucer, Petrus Vermigli und A Lasco geprägt ist und daher reformierte Züge trägt. Das Abendmahl ist danach wesentlich ein Gedächtnismahl, wie dies besonders die Austeilungsworte belegen: „Nimm hin und iß dieses zum Gedächtnis daran, daß Christus für dich gestorben ist, und genieße ihn in deinem Herzen durch Glauben mit Danksagung"[43].

---

41 P. Jacobs, Reformierte Bekenntnisschriften und Kirchenordnungen in deutscher Übersetzung, Neukirchen 1949, 144.
42 A. a. O., 172.
43 E. C. S. Gibson, The First and Second Prayer Books of King Edward VI, London 1910, Nachdruck London 1957, 389.

Auf John Knox, den damaligen Kaplan des Königs, geht die sogenannte „Black Rubric" zurück, in der die Realpräsenz von Leib und Blut Christi ausdrücklich geleugnet wird. Als Begründung dafür heißt es, daß der natürliche Leib und das natürliche Blut Christi im Himmel seien und es dem Wesen des natürlichen Körpers Christi widerspreche, gleichzeitig an mehr als einem Ort zu sein[44]. Zwar wird die „Schwarze Rubrik" bei der Wiedereinführung des „Common Prayer Book" unter Elisabeth I. gestrichen. Aber dies ändert ebensowenig wie die Umformulierung der Austeilungsworte etwas an der Tatsache, daß das Abendmahlsverständnis auch unter der Königin eine grundsätzlich reformierte Prägung behält. Das zeigt nicht zuletzt die Modifikation der unter Cranmer 1553 erarbeiteten „42 Artikel", die Elisabeth 1563 auf „39 Artikel" reduzieren läßt. Cranmer hatte noch wie Knox argumentiert, daß es dem Wesen des menschlichen Körpers widerspreche, an mehreren Orten zugleich zu sein, und Christi Leib daher nach seiner Erhöhung sich im Himmel befinde, eine reale und leibliche Gegenwart seines Leibes und Blutes im Abendmahl also ausgeschlossen sei[45]. Diese Aussage entfällt zwar in den „39 Artikeln", die 1571 vom Parlament angenommen werden, doch ohne daß dies zur Annahme einer Realpräsenz führte. Vielmehr heißt es unter ausdrücklicher Ausblendung der leiblichen Gegenwart, daß der Leib Christi im Abendmahl nur in himmlischer und geistlicher Weise gegeben, empfangen und gegessen werde, und zwar werde er empfangen und gegessen ausschließlich durch den Glauben, womit zugleich mit der manducatio oralis eine manducation impiorum ausgeschlossen ist. Das Abendmahlsverständnis der anglikanischen Kirche ist also ihrem Bekenntnis zufolge reformiert.

Was den Ursprungsort der reformierten Abendmahlslehre, nämlich Zürich betrifft, so verfaßt Bullinger 1561 ein privates Bekenntnis, das 1566 vom Rat der Stadt offiziell angenommen wird und schließlich zur „Confessio Helvetica Posterior" avanciert. Danach ist das Abendmahl zwar eine von Christus eingesetzte Handlung, die uns an die Wohltaten Christi erinnert, aber in ihr speist er uns auch mit seinem Fleisch und tränkt uns mit seinem Blut, die uns, wenn sie im wahren Glauben genossen werden, zum ewigen Leben ernähren. Denn wie äußerlich vom Diener Brot und Wein angeboten werden, empfangen die Gläubigen innerlich durch den Heiligen Geist Fleisch und Blut Christi zum ewigen Leben. Aber der Leib Christi wird nicht mit dem Mund leiblich oder wirklich, sondern ausschließlich geistlich, das heißt durch den Heiligen Geist und im Glauben gegessen.

---

44 A. a. O., 392 f.
45 BSRK 516, 8 ff.

Doch dieses geistliche Essen des Leibes Christi bedeutet für Bullinger nur, daß wir das empfangen, was Christus mit seinem Leib und Blut durch seinen Tod für uns erworben hat. Daher ist dieses geistliche Essen auch keineswegs auf das Abendmahl beschränkt, sondern geschieht überall da, wo ein Mensch an Christus glaubt. „Außer dem höheren geistlichen Essen gibt es auch ein sakramentales Essen des Leibes des Herrn, wodurch der Gläubige nicht nur geistlich und innerlich an dem wahren Leib und Blut des Herrn teilhat, sondern er empfängt auch äußerlich bei der Teilnahme am Tisch des Herrn das sichtbare Sakrament des Leibes und Blutes des Herrn."[46] Durch das Sakrament empfängt man also nichts, was man nicht auch schon durch den Glauben besäße. Denn eine wie immer geartete besondere Gegenwart von Leib und Blut Christi im Abendmahl, die sich von ihrer Gegenwart im Glauben unterschiede, lehnt Bullinger ab. Weder ist das Brot selbst der Leib Christi noch ist der Leib Christi unter dem Brot körperlich verborgen. Vielmehr wendet auch Bullinger ein, daß der Leib Christi im Himmel zur Rechten des Vaters sei, so daß die Herzen empor-gehoben werden müßten. Aber gleichwohl sei er der Abendmahlsgemein-de nicht fern. „Die Sonne ist fern von uns am Himmel: nichtsdestoweniger ist sie unter uns wirksam gegenwärtig. Wieviel mehr ist Christus, die Son-ne der Gerechtigkeit, mit dem Leibe fern von uns im Himmel, uns gegen-wärtig – zwar nicht leiblich, sondern geistlich durch sein lebendigmachen-des Wirken"[47]. Das bedeutet aber, daß er uns gegenwärtig ist durch seinen Heiligen Geist, der unsere gläubigen Herzen zu ihm emporführt, um uns mit seinem Leib und Blut zu nähren.

Was schließlich die deutschen Territorien anbelangt, so kommt es in der Pfalz 1559 noch einmal zu einem Abendmahlsstreit, der mit einer Nieder-lage der Lutheraner und dem Sieg einer reformierten Abendmahlslehre endet, die durchaus eigenes Gepräge trägt. Der Heidelberger Abendmahls-streit, der als Konflikt zwischen dem streng lutherischen Generalsuperin-tendenten Tilemann Heshusius und dem zwinglianischen Diakon Wilhelm Klebitz beginnt, führt dazu, daß der pfälzische Kurfürst Friedrich III. als erster deutscher Territorialherr in das reformierte Lager wechselt. Der von ihm in Auftrag gegebene „Heidelberger Katechismus", der 1563 als Teil der Kirchenordnung erscheint, enthält eine Abendmahlslehre, an deren Gestaltung Zacharias Ursinus entscheidenden Anteil gehabt haben dürfte, ein Melanchthonschüler, der sich aber in der Abendmahlslehre bereits

---

46 A. a. O., 235.
47 A. a. O., 236. Vgl. J. C. McLelland, Die Sakramentslehre der Confessio Helvetica Posterior, in: J. Staedtke (Hg.), Glauben und Bekennen, Zürich 1966, 368–391.

während seiner Zeit als Lehrer an der Elisabethschule in Breslau Calvin angenähert hatte. Es gehört zu den Charakteristika der meisten reformierten Bekenntnisschriften und so auch des „Heidelberger Katechismus", daß sie der Behandlung von Taufe und Abendmahl eine allgemeine Definition der Sakramente voranstellen. Die Sakramente sind danach sichtbare heilige Wahrzeichen und Siegel, von Gott dazu eingesetzt, daß er uns durch ihren Gebrauch die Verheißung des Evangeliums besser zu verstehen gebe und versiegle. Denn was der Heilige Geist im Evangelium lehrt, das bestätigt er durch die Sakramente, daß nämlich unsere ganze Seligkeit allein im Kreuzesopfer Christi gründet[48]. Im Abendmahl werden wir daher wie in der Taufe daran erinnert und dessen versichert, daß wir am Kreuzesopfer Christi teilhaben, nur daß dies auf andere Weise geschieht als in der Taufe. Denn mit dem Befehl, vom Brot zu essen und vom Kelch zu seinem Gedächtnis zu trinken, hat Christus eine doppelte Verheißung verbunden. Zum einen verheißt er, daß sein Leib so gewiß für mich am Kreuz gebrochen und sein Blut für mich vergossen sei wie ich mit den Augen sehe, daß das Brot mir gebrochen und der Kelch mir ausgeteilt wird. Zum andern aber verheißt er, daß er meine Seele mit seinem gekreuzigten Leib und vergossenen Blut so gewiß zum ewigen Leben nähre wie ich das Brot und den Wein leiblich genieße[49]. Man hat in diesem Zusammenhang von einem Sakramentsparallelismus gesprochen, insofern der sichtbare Vorgang des Brotbrechens und der Kelchausteilung den unsichtbaren Vorgang des Brechens des Leibes und des Vergießens des Blutes Christi darstellt. Gerade deshalb kann das sakramentale Zeichen die ja gleichfalls auf dieses Ereignis des Kreuzesopfers bezogene Verheißung des Evangeliums besser zu verstehen geben. Es erinnert nicht nur an das einmalige Opfer Christi, sondern versichert uns auch unserer Teilhabe an ihm. Darin unterscheidet sich das Abendmahlsverständnis des Katechismus von demjenigen Zwinglis, und Ursin erblicke darin wie der Kurfürst eine Übereinstimmung mit dem Abendmahlsverständnis der „Confessio Augustana", an die man ja reichsrechtlich gebunden war.

Allerdings ist die Abendmahlslehre des Katechismus alles andere als lutherisch. Zwar soll die Rede vom Essen des Leibes und Trinken des Blutes Christi nicht allein wie bei Zwingli bedeuten, daß wir das Kreuzesopfer Christi im Glauben annehmen. Aber ebensowenig ist gemeint, daß alle Teilnehmer des Abendmahls Leib und Blut Christi, die real gegenwärtig sind, genießen. Vielmehr bleibt es bei einer symbolischen Deutung, wo-

---

48 BSRK 699, 35 ff.
49 BSRK 702, 15 ff.

nach wir durch den Heiligen Geist mit dem Leib Christi immer mehr vereinigt werden, so daß wir Fleisch von seinem Fleisch werden, obgleich er im Himmel und wir auf Erden sind[50]. Wohl betont der Katechismus ganz im Sinne Calvins, daß der Mensch mit dem für uns geopferten Leib und Blut Christi vereinigt wird. Aber wie bei Calvin gilt dies nur für die wahrhaft Gläubigen, da die Vereinigung ein Werk des Heiligen Geistes ist. Das im Sinne einer solchen Vereinigung gedeutete Essen und Trinken von Leib und Blut Christi findet also nur bei den Gläubigen statt, nicht hingegen bei den Heuchlern und Unbußfertigen. Eine Realpräsenz von Leib und Blut in den Elementen lehnt der Katechismus ausdrücklich ab. Zwar kann das Brot von Christus selbst als sein Leib und der Kelch als sein Blut bezeichnet werden, aber diese Bezeichnung hat nur eine symbolische Bedeutung. Wie nämlich Brot und Wein das zeitliche Leben erhalten, so dienen uns Leib und Blut Christi als Seelenspeise zum ewigen Leben[51]. Das Essen und Trinken von Leib und Blut Christi bedeutet also wie bei Calvin die durch den Heiligen Geist bewirkte und daher nur bei den Gläubigen sich ereignende Vereinigung mit dem im Himmel befindlichen Leib Christi. Daß Christus leiblich unter der Gestalt von Brot und Wein sei und daher darin angebetet werden soll, wie es die römische Transsubstantiationslehre verlangt, wird ausdrücklich als vermaledeite Abgötterei verworfen. Das bedeutet allerdings nicht, daß man damit jede Form der Gegenwart von Leib und Blut Christi im Abendmahl bestreitet. Es ist vielmehr zutreffend, wenn Ursin gegenüber den Vorwürfen der Lutheraner betont, für die Pfälzer sei der Leib Christi dem Menschen zwar dem Orte nach abwesend, sehr nahe aber durch den in uns und Christus gleichermaßen wohnenden Geist. Diese durch den Heiligen Geist bewirkte Gegenwart des Leibes Christi werde durch seine örtliche Abwesenheit in keiner Weise behindert.

Es ist von daher auch verständlich, daß sich die Abendmahlskontroverse zwischen Calvinisten und Lutheranern wie schon zuvor die zwischen Zwingli und Luther zu einem Streit über die Christologie ausweitete. Zwar teilt der Katechismus selbstverständlich die Zweinaturenlehre des Dogmas von Chalcedon. Aber als Konsequenz der lokalen Deutung der Himmelfahrt heißt es, daß Christus seiner menschlichen Natur nach bis zu seiner Wiederkunft zum Gericht nicht auf Erden ist, während er seiner Gottheit und Majestät sowie seiner Gnade und seinem Geist nach niemals von uns

---

50 BSRK 702, 35 ff.
51 BSRK 704, 1 ff.

weicht[52]. Die Menschheit Christi ist daher nicht überall da, wo seine Gottheit ist. Die Ubiquität ist ein Idiom ausschließlich der göttlichen Natur, so daß die Gottheit Christi auch außerhalb der von ihr angenommenen und mit ihr persönlich vereinigten Menschheit ist. Es ist dieser, von lutherischer Seite als Extracalvinisticum attackierte, allerdings durchaus traditionelle Gedanke, mit dem die Pfälzer gegen jene christologische Ubiquitätslehre Einspruch erheben, wie sie von Brenz zur Begründung der Realpräsenz von Christi Leib und Blut im Abendmahl entwickelt worden, aber selbst im lutherischen Lager nicht nur bei Melanchthon auf Ablehnung gestoßen war. Auf dem Religionsgespräch zwischen dem Pfälzer Kurfürsten und Herzog Christoph von Württemberg 1564 in Kloster Maulbronn tragen die Heidelberger Theologen ihre Einwände gegen die lutherische Christologie vor. Während Andreä aus der persönlichen Einigung der beiden Naturen die Mitteilung der Eigenschaften der göttlichen Natur an die menschliche folgert, bestreitet Olevian die Legitimität dieses Schlußes, zumal eine derartige Idiomenkommunikation die Menschheit Christi aufhebe[53]. Damit bestreitet er zugleich die Begründung der Realpräsenz von Leib und Blut Christi im Abendmahl mit Hilfe der christologischen Ubiquitätslehre. Wenn aus der persönlichen Einigung der beiden Naturen in Christus nicht abgeleitet werden kann, daß Christus auch seiner menschlichen Natur nach überall ist, wenn statt dessen vielmehr erklärt werden muß, daß Christus seiner menschlichen Natur nach sich seit seiner Erhöhung im Himmel befindet, dann kann der Leib Christi nicht im Abendmahl real gegenwärtig sein.

Noch einmal kommt es in Deutschland vor der endgültigen Abgrenzung der Lutheraner in der Konkordienformel von der reformierten Abendmahlslehre zu einem Streit um das Abendmahl. Als 1574 anonym die „Exegesis perspicua et ferme integra controversis de sacra coena" erscheint, als deren Verfasser sich der im Jahr zuvor verstorbene Arzt Joachim Curaeus entpuppt, führt dies zum Sturz des bis dahin in Wittenberg vorherrschenden Philippismus. Die Schüler Melanchthons werden des Kryptocalvinismus beschuldigt, und ihr Wortführer Christoph Pezel wird vom sächsischen Kurfürsten des Landes verwiesen. Tatsächlich hatte Curaeus in seiner Schrift die Ubiquitätslehre als monophysitischen Irrtum gebrandmarkt und auf dem Hintergrund einer lokalen Deutung der Himmelfahrt Christi auch Luthers Abendmahlslehre kritisiert. Eine Realpräsenz des Leibes Christi im Abendmahl, damit aber auch die manducatio

---

52 BSRK 695, 1 ff.
53 Bizer (Anm. 27), 335 ff.

oralis und impiorum werden preisgegeben[54]. Während das „Torgauer Bekenntnis vom Abendmahl", das daraufhin 1574 in Kursachsen verabschiedet wird, die wahrhafte und wesentliche Gegenwart von Leib und Blut Christi ebenso festschreibt wie das Essen der Unwürdigen, lehnt Pezel bereits in seinen Wittenberger Schriften die Ubiquitätslehre ebenso ab wie die manducatio impiorum. Nach seiner Vertreibung aus Wittenberg sorgt er zunächst in Nassau und dann in Bremen dafür, daß die calvinistische Abendmahlslehre bekenntnismäßig verankert wird. Im sogenannten „Nassauischen Bekenntnis", das 1578 von der Dillenburger Synode angenommen wird, und ebenso im „Consensus Bremensis" von 1595 wird die lutherische Ubiquitätslehre unter Berufung auf Melanchthon als ein nicht nur der bisherigen Kirche, sondern auch Gottes Wort „unbekanth Gedicht" kritisiert[55]. Der Abendmahlsartikel lehnt nicht nur die Transsubstantiation, sondern auch die Konsubstantiation oder Koexistenz des Leibes Christi am Ort des Brotes ab. Die Gegenwart Christi im Abendmahl bedeute nicht, daß der Leib Christi im Zeichen des Brots eingeschlossen sei. Denn schließlich habe Christus nicht verheißen, im Brot, sondern im gläubigen Menschen zu wohnen. Im Abendmahl wird demnach den Kommunikanten zwar der wahre Leib Christi mitgeteilt, doch das Brot dient dabei als Pfand und Zeugnis dieser Mitteilung. Ganz in Übereinstimmung mit Melanchthon und Calvin insistiert Pezel darauf, daß uns mit Brot und Wein nicht nur das Verdienst und die Kraft des Leibes Christi, sondern Leib und Blut Christi selbst mitgeteilt werden, wir also mit der Substanz des Leibes Christi Gemeinschaft erlangen. Denn wie uns eine Arznei nur stärken kann, wenn wir sie ihrer Substanz nach einnehmen, so haben wir nur Anteil an der Kraft und dem Verdienst des Leibes Christi, wenn wir dessen Substanz zu uns nehmen[56]. Allerdings muß unterschieden werden zwischen der äußerlichen Nießung von Brot und Wein und der innerlichen Nießung von Leib und Blut Christi, die allein im Glauben geschieht[57]. Daß Leib und Blut Christi unter Brot und Wein und in oder an dem Ort, wo Brot und Wein sind, wesentlich und leiblich gegenwärtig seien, wird zwar bestritten. Aber die wahrhafte Gegenwart Christi als Gott und Mensch im Abendmahl wird gleichwohl aufrechterhalten[58]. Denn im Glauben werden im Abendmahl Leib und Blut Christi von uns ergriffen, so daß wir durch

---

54 H. E. Weber, Reformation, Orthodoxie und Rationalismus, Bd.I,2, Gütersloh 1940, 226.
55 BSRK 722, 35 ff. Vgl. BSRK 749, 39 ff.
56 BSRK 725, 23 ff.
57 BSRK 772, 25 ff.
58 BSRK 773, 3 ff.

den Heiligen Geist mit Christus vereinigt werden. Eine manducatio oralis wird daher ebenso abgelehnt wie eine manducatio impiorum.

Schluß

Damit hat sich der Gegensatz zur lutherischen Abendmahlslehre, deren Entwicklung in der „Konkordienformel" ihren bekenntnismäßigen Abschluß findet, verfestigt. Was folgt, das ist das Nebeneinander von konfessioneller Abgrenzung und Religionsgesprächen. Als Grundlage für eine Verständigung mit den Lutheranern bedienen sich die deutschen Reformierten dabei zunächst der CA „variata", deren Abendmahlsartikel von dem der ursprünglichen CA durch den Verzicht auf römische Anklänge und durch Aufnahme von Formulierungen der „Wittenberger Konkordie" abweicht. Doch als Basis für eine Verständigung erweist sich die CA „variata" rasch als untauglich, da die „Konkordienformel" die CA „invariata" zur alleinigen Auslegungsinstanz des Abendmahlsartikels der CA erklärt. Gleichwohl hält es das „Bekenntnis der Kasseler Generalsynode" von 1607 für weder der CA noch der „Apologie" zuwider, zwar die manductio oralis und impiorum abzulehnen, aber einzuräumen, „daß wir im H. Abendmal neben und bey der leiblichen niessung des Sacraments des Leibs Christi, zugleich auch des *wahren* Leibs und Bluts Christi selbsten ... *wahrhaftig, theilhaftig* werden"[59]. Das Abendmahl sei eine „göttliche Handlung, da der Herr Christus, selbst gegenwärtig, uns *mit* dem sichtbaren Brot und Wein die unsichtbare Gnade und verheißene Güter, nämlich seinen *wahren* Leib für uns gebrochen, uns sein *wahres* Blut für uns vergossen zur Vergebung der Sünden, nicht allein anbiedet, sondern auch versiegelt und übergiebt"[60]. Auf dem 1631 stattfindenden Leipziger Kolloquium, auf dem sächsische, brandenburgische und hessische Theologen verhandeln, erkannten die Reformierten die CA „invariata" ausdrücklich als gemeinsame Bekenntnisgrundlage an, ohne jedoch deshalb die CA „variata" verwerfen zu wollen. Einig war man sich mit den Lutheranern in der Ablehnung der Transsubstantiation, der Konkomitanz, der Realpräsenz extra usum, der Anbetung der Hostie, der Konsubstantiation und der lokalen und leiblichen Art der Gegenwart des Leibes Christi. Wohl aber bekennt man mit den Lutheranern, „daß der *wahre wesentliche* Leib, so für uns gebrochen, und das *wahre wesentliche* Blut Jesu Christi selbst, so für uns vergossen worden, vermittelst des gesegneten Brots und Weins,

59 BSRK 820, 46 ff.
60 BSRK 832, 12 ff.

wahrhafftig und gegenwertig gereichet, ausgetheilet und genossen werden"[61]. Indem sie erklären, daß es nicht nur der Nutzen und die Wirkung, sondern das Wesen und die Substanz von Leib und Blut Christi sind, die im Abendmahl gereicht werden, nähern sich die Reformierten soweit wie möglich der lutherischen Sprechweise an. Doch wenn sie von der Nießung dieser Substanz reden, meinen sie die Nießung im wahren Glauben, also die geistliche Nießung. Die eigentliche Differenz zwischen Reformierten und Lutheranern liegt dann auch in der Interpretation des Essens und Trinkens der Substanz von Leib und Blut Christi. In diesem Punkt erreicht man in Leipzig keine Einigkeit, „Dass aber solche Niessung mit dem organo oris oder mündlich, so wol von den unwürdigen, also von den würdigen geschehe, das haben die Chur-Brand. und Fürstl. Hessische nicht zugeben wollen."[62] Doch diese bleibende Differenz in der Abendmahlsauffassung hielten die Reformierten für nicht derart gravierend, daß sie dadurch die Übereinstimmung mit den Lutheranern im Fundamentalen aufgehoben sahen. Vielmehr glaubte man sich zu der Annahme berechtigt, es „köndte nichts desto weniger eine Christliche Vereinigung geschehen, oder doch zum wenigsten eine *Tolerantz* erfolgen. Sie begehrten auch umb dieses Punctes willen diejenigen, so sie nicht verdammen, noch ihre Meinung ihnen für einen nötigen Glaubens Artickel auffdringen wollen, keines wegs zu verdammen: Nicht zweifelnde, weil man in den ubrigen *Principal*stücken dieses Artickels allerdings einig, daß man dennoch für einen Mann wider das Papstumb stehen könnte"[63].

---

61 H. A. Niemeyer, Collectio confessionum in ecclesiis reformatis publicatarum, Leipzig
    1840, 662.
62 A. a. O., 663.
63 A. a. O., 664.

Notger Slenczka

Neubestimmte Wirklichkeit

Zum systematischen Zentrum der Lehre Luthers von der Gegenwart
Christi unter Brot und Wein

Wer sich mit der Abendmahlslehre Luthers, insbesondere seiner Lehre von
der Realpräsenz beschäftigt, der bekommt es mit einem ganz eigentümlichen Themengebiet zu tun, das auf den ersten Blick ein relativ kleines
Gebiet der Dogmatik zu sein scheint, in dem aber auf den zweiten Blick
schlechterdings alle übrigen dogmatischen Themengebiete zusammenlau-
fen. Man bekommt es zudem mit einer Position zu tun, die auf den ersten
Blick an einem relativ platt biblizistischen Grundargument hängt, von dem
ausgehend sich dann aber tiefgreifende metaphysische, sprachphilosophi-
sche und weltanschauliche Folgerungen ergeben. Wenn man diesen Weg
von der Untiefe des Ausgangspunktes zu den Implikationen nachvollzieht,
dann wird man auf eine gedankliche Grundfigur, gleichsam auf das systematische Zentrum der lutherschen Theologie, aufmerksam.

Ich will versuchen, diesen Weg von der Oberfläche zum Tiefsinn und
von dem specialissimum der Lehre von der Realpräsenz Christi in, mit und
unter Brot und Wein zum systematischen Zentrum der Theologie Luthers
zu skizzieren. Das wird notwendigerweise knapp und streckenweise skiz-
zenhaft, insbesondere, was die theologie- und philosophiegeschichtlichen
Voraussetzungen angeht. Ich kann hier auch nicht auf die Forschungsge-
schichte zum Thema eingehen, verweise nur darauf, daß meine Ausführungen Gedanken aufnehmen und weiterführen, die, in der einen oder
anderen Weise fokussiert, auch von Reinhard Schwarz, Jörg Baur, Anselm
Steiger und anderen dargestellt wurden.[1] Damit zur Sache.

---

1   Ich verweise hier nur auf die folgenden Beiträge: R. Schwarz, Gott ist Mensch, in:
    ZThK 63, 1966, 289–351; A. Steiger, Die communicatio idiomatum als Achse und Mo-
    tor der Theologie Luthers, in: NZSTh 38, 1996, 1–28; J. Baur, Luther und seine klassi-
    schen Erben, Göttingen 1993, hier bes.: Lutherische Christologie im Streit um die neue
    Bestimmung von Gott und Mensch, 145–163; Auf dem Weg zur klassischen Tübinger
    Christologie, 204–276; Abendmahlslehre und Christologie der Konkordienformel als
    Bekenntnis zum menschlichen Gott, 117–144.

1. Der Ausgangspunkt: Die biblischen Einsetzungsworte

1.1 Der wörtlich genommene Text gegen die Einwände Zwinglis

Das Argument für die Position Luthers in den Auseinandersetzungen um das Abendmahl, gerade in den Auseinandersetzungen mit den Schweizer und Straßburger Reformatoren, ist von schwer überbietbarer Schlichtheit: „Da stehet nu der spruch und lautet klar und helle, das Christus seinen leib gibt zu essen, da er das brod reicht. Darauff stehen, gleuben und leren wir auch, das man im abendmal wahrhafftig und leiblich Christus leib isset und zu sich nymbt. Wie aber das zu gehe odder wie er ym brod sey, wissen wir nicht, sollens auch nicht wissen. Gotts Wort sollen wir gleuben und ym nicht weise noch mas setzen. Brod sehen wir mit den augen, Aber wir hören mit den oren, das der leib da sei."[2]

Die ‚dürre, helle Schrift' steht gegen die Deutungsversuche der Gegner, hier Zwingli und Ökolampad. Diese setzen, so Luther, dem Wort Gottes „weise und mas", statt ihm zu glauben. ‚Weise und Maß setzen' heißt: Sie sind in ihrer Deutung der Worte geleitet von Vorannahmen, Kriterien dessen, wo die Grenzen sinnvoller Rede erreicht sind. Weil es nicht möglich ist, daß ein Leib allenthalben ist, kann Christus nicht auf mehreren Altären präsent sein. Weil das Fleisch nach den eigenen Worten Christi ‚kein Nutz' ist, können die Stiftungsworte nicht den Sinn haben, daß durch sie dem Glaubenden der Leib Christi zugeteilt wird. Will man die Sicht Luthers auf den Streit mit den Reformierten auf einen Punkt bringen, so muß man sagen, daß er seinen Gegnern vorwirft, daß sie durch Vorannahmen über das, was möglich oder unmöglich ist, den Sinn der Einsetzungsworte limitieren: Die Einsicht der menschlichen Vernunft in das, was möglich oder unmöglich ist, entscheidet über den Sinn, den die Worte haben können.[3] Er selbst, so Luther, hält sich an die Worte, und zwar an den vordergründigen, nächstliegenden, literalen Sinn.

Denn – so Luthers beständig wiederholte hermeneutische Grundprämisse: es ist zunächst einmal der durchschnittliche und alltägliche Sprachgebrauch vorauszusetzen. Die Beweislast dafür, daß es einen anderen

---

2   M. Luther, Daß diese Worte Christi „Das ist mein leib" noch fest stehen (1527), [Dr], WA 23, (38) 65–283, Zit. 87, 28–35. Ich zitiere diese Schrift im Folgenden ausschließlich nach der Druckfassung.
3   M. Luther, Sermon vom Sakrament, WA 19, [474] 482–523, hier 486, 10 ff u. ö.; vgl. den Widerspruch Zwinglis gegen die Unterstellung, daß die Vernunft das Kriterium des Sinnes der Worte sei: U. Zwingli, Freundliche Verglimpfung (etc.), CR 92, 787 ff; vgl. in ders., Amica exegesis, CR 92, 665 ff.

Sprachgebrauch gibt und daß dieser andere Sprachgebrauch an der fraglichen Stelle auch wirklich anzunehmen ist,[4] liegt bei dem, der das behauptet.[5]

Immer wieder durchzieht Luthers Ausführungen der Hinweis, daß er nichts zu beweisen habe, weil er den Text stehen und gelten lasse, wie er lautet: ‚dürre, helle Schrift' eben.[6]

1.2 Der wörtlich genommene Text gegen die Einrede der Altgläubigen

Ähnliches gilt übrigens für die Auseinandersetzung mit der römischen Position wenige Jahre zuvor, die im Abschnitt über die Eucharistie in De captivitate babylonica kulminiert. Luther sieht dort[7] die Transsubstantiationslehre darin begründet, daß deren Vertreter annehmen, daß ein wörtliches Verständnis der Einsetzungsworte nicht möglich sei. Sie gehen, so Luther, von einem aristotelischen Adagium aus, nach dem ein wahrer Satz die ‚compositio extremorum – die Zusammenfügung der Extreme' verlangt; das ist zunächst sprachtheoretisch zu verstehen: ein prädikativer Satz – Subjekt ist Prädikat: dieser Schimmel ist weiß – ist dann wahr, wenn das Subjekt (Schimmel) mit dem Prädikat (ist weiß) sich verbinden läßt und in der Sache auch wirklich verbunden sind. Der Satz ‚dieser Schimmel ist schwarz' ist von vornherein falsch, weil die Extreme – Subjekt und Prädikat – einander ausschließen, denn ein Schimmel ist per definitionem weiß. Diesen sprachlichen Sachverhalt drücken viele scholastische Logiken mit der Wendung aus, daß ‚Subjekt und Prädikat für dasselbe stehen können müssen' – was eben dann gewährleistet ist, wenn das Subjekt und das Prädikat eines Aussagesatzes (S ist P) einen identischen Sachverhalt in unterschiedlicher Hinsicht bezeichnen. Der Satz ‚Dies Pferd ist weiß' bezeichnet in beiden Termen einen Schimmel: Der Terminus ‚Pferd' bezeichnet sein spezifisches Wesen, der Terminus ‚weiß' bezeichnet ihn hinsichtlich seiner Farbe; beide Begriffe stehen für denselben Sachverhalt.

---

4 M. Luther, Daß diese Wort (Anm. 2) 97, 23 ff; 101, 4 ff etc.

5 „So ist das die summa davon, das wir die helle, dürre schrifft fur uns haben, die also lautet: ‚Nemet, esset, das ist mein leib', und uns nicht not ist noch sol auffgedrungen werden über solchem text schrifft zu furen [einen Schriftbeweis zu führen] ..., sondern sie sollen schrifft auff bringen, die also laute: ‚Das bedeut meinen leib', odder ‚Das ist meins leibs zeichen'." Luther, Daß diese Wort (Anm. 2) 95,17–21.

6 M. Luther, Daß diese Wort (Anm. 2) 95 f; vgl. 129 f; 123.

7 Vgl. zum Folgenden: Luther, De captivitate babylonica, BoA I, 426–512, hier 441,12 ff (Übers. N. Slenczka). Vgl. dazu G. Biel, Canonis misse expositio II (hg. v. H.A. Oberman u.a., VIEG 32,2, Wiesbaden 1965) lect 48 M; dazu Schwarz, Gott (Anm. 1) 321–334.

Damit zum Abendmahl: Die Vertreter der Transsubstantiationslehre, so Luther, nehmen darum eine Wandlung der Substanz des Brotes und des Weines in die Substanz des Leibes und Blutes Christi an, weil andernfalls die Deuteworte – ‚dies ist mein Leib bzw. Blut' – nicht wahr sein könnten. Zwei Wesensbezeichnungen können nicht von einem Sachverhalt gelten, von vornherein nicht. Der Satz vom Widerspruch schließt das aus – ich komme darauf noch. Jeder Sachverhalt ist der eines Wesens – wie Luther später in der großen Abendmahlsschrift schreibt:

„Es ist ia wahr und kann niemand leucken, das zwey unterschiedliche wesen nicht mügen ein wesen sein, als was ein Esel ist, das kann ia nicht ein ochse sein, Was ein mensch ist kann nicht ein stein odder holtz sein ... Solchs alles mus alle [= jedermanns] vernunfft ynn allen Creaturn bekennen, da wird nicht anders aus. ... Wen wir nu mit solchem verstand hie yns abendmahl komen, so stösset sich hie die vernunfft, Den(n) sie findet, das hie zwey unterschiedliche wesen, als brot und leib, werden fur ein ding odde [!] wesen gesprochen ynn diesen worten: Das ist mein leib. Da schu(e)ttelt sie den kopff und spricht: Ey, Es kann und mag nicht sein, Das Brod sol leib sein, Ists brod, so ists brod, Ists leib, so ists leib, der eins, welchs du wilt."[8]

Die These, daß ein wörtliches Verständnis des prädikativen Satzes (Das ist mein Leib) nicht möglich ist, weil eben ein Sachverhalt nicht durch zwei Wesensbegriffe bezeichnet werden kann, führt, so Luther, zu der Behauptung, daß sich im Aussprechen der Worte die bezeichnete Sache wandelt. Die beiden zeitgenössischen Alternativen zur eigenen Position Luthers – die altgläubige These, daß die Mahlelemente nach der Wandlung Leib und Blut Christi seien und sonst nichts; und die These der reformierten Seite, daß die Mahlelemente Brot und Wein seien und sonst nichts – haben angesichts des eben zitierten Vorhaltes der Vernunft (‚eins davon, welches du willst') unterschiedlich gewählt, stimmen aber, so Luther, in der Grundthese miteinander überein: Brot kann nie und nimmer Leib Christi sein. Ein wörtliches Verständnis der Identifikation ist ausgeschlossen.

1.3 Das Brot ist der Leib: nicht Realpräsenz, sondern Identifikation

Auch in dieser Auseinandersetzung mit den Altgläubigen in De captivitate Babylonica ecclesiae besteht Luther wie gegenüber den Reformierten auf einem ganz wörtlichen Verständnis der Einsetzungsworte:

---

8   M. Luther, Vom Abendmahl Christi, Bekenntnis, BoA III, 352–516, hier 456,14–26.

„Meine Position hat guten Grund, insbesondere jenen, daß den göttlichen Worten keine Gewalt angetan werden soll, weder durch einen Menschen, noch durch einen Engel, sondern, soweit das möglich ist, in der allerschlichtesten Bedeutung zu bewahren sind und keinesfalls – es sei denn, daß eindeutige Umstände dazu zwingen – von der Grammatik und eigentlichen Bedeutung abweichend zu verstehen sind."[9]

Im zitierten Text stellt Luther diejenigen, die dem Text durch ein übertragenes Verständnis Gewalt antun, in die Reihe der Gegner des Paulus im Galaterbrief und die eigene Position in eine Linie mit der Verteidigung des Evangeliums durch Paulus: Wie dieser (Gal 1,8) verwahrt er sich gegen eine Verfälschung ‚durch einen Menschen und durch einen Engel'. Am wörtlichen Verständnis der Schrift hängt für ihn die Wahrheit und Gewißheit des Evangeliums. Brot sei also Brot, Leib sei Leib, und die Identifikation, die der prädikative Satz vornimmt, sei im schlichten Glauben gegen den Augenschein hinzunehmen, denn das sei das Wesen des Glaubens: daß er gegen den Augenschein und gegen den Einspruch der Vernunft sich an die Worte hält:

„Und ich freue mich schließlich, daß wenigstens beim ungebildeten Volk der schlichte Glaube an dieses Sakrament erhalten geblieben ist. Denn wenn sie es auch nicht verstehen, so disputieren sie auch nicht darüber, ob und wie die Akzidenzien ohne die Substanz bestehen, sondern vertrauen mit schlichtem Glauben, daß der Leib und das Blut Christi hier wahrhaft enthalten ist und überlassen diesen Müßiggängern das Geschäft, darüber zu disputieren, was [genau] es enthält."[10]

Dieses schlichte Vertrauen, das die Frage nach der Möglichkeit hintanstellt und darauf vertraut, im Abendmahl den Leib und das Blut Christi zu empfangen, gibt es somit noch, stellt Luther fest („wenigstens beim ungebildeten Volk") – und notiert wenig später aber auch, daß eigentlich auch dieses Verständnis noch nicht die eigentliche Schlichtheit des Glaubens, der sich ganz und abgesehen von jedem Vernunfteinspruch auf die Worte verläßt, darstellt; denn die Worte lauten genaugenommen ja nicht: ‚Hier' ist mein Leib, oder ‚Im Brot ist mein Leib', sondern: Dies ist mein Leib. Nicht am ‚in, mit und unter' stößt sich die Vernunft, sondern an der Identifikation, nach der das Brot der Leib Christi *ist*:

„Ich jedenfalls, wenn ich es auch nicht verstehen kann, wie das Brot der Leib Christi ist, gebe ich dennoch meinen Verstand in den Gehorsam Christi gefangen und glaube, seinen Worten in aller Schlichtheit folgend,

---

9   M. Luther, De captivitate (Anm. 7) 439,28–33.
10   M. Luther, De captivitate (Anm. 7) 441,6–11.

nicht nur, daß der Leib Christi im Brot sei, sondern daß das Brot der Leib Christi sei."[11]

Und der erstaunliche Sachverhalt ist nun der, daß gerade dieser schlichte Glaube, der jeden Zweifel der Vernunft an der Denkmöglichkeit des Satzes abweist, zu einer Position sich entfaltet, die alles andere als schlicht ist. Das ist im Folgenden zu zeigen.

1.4 Der Anstoß der Vernunft an den Einsetzungsworten

Eines ist jedenfalls deutlich: Luther nimmt in Kauf, daß sich die Vernunft an jenem Satz stößt. Aber der Widerspruch zwischen der Vernunft und dem biblischen Satz oder der Widerspruch zwischen Vernunft und Glaube kann und darf ja nicht dazu führen, daß die Aussagen, deren schlichte Geltung der Glaube voraussetzt, einfachhin sinnlos sind. Daß die Sätze sinnlos sind, hatten allerdings die altgläubigen und reformierten Gegner Luthers behauptet – denn diese Sätze widersprechen dem Grundsatz, der nach Aristoteles[12] als selbstevidentes Prinzip die Grenze zwischen sinnvoller und sinnloser Rede markiert, nämlich dem Satz vom Widerspruch: Es ist unmöglich, daß einem sprachlich Bezeichneten zur gleichen Zeit und in derselben Hinsicht das Prädikat A und das Prädikat nicht-A zukommt – am Beispiel: Der Satz: ‚Dies Ding ist rot und schwarz' ist dann sinnvoll, wenn er vollständig lauten würde: ‚Dies Ding ist an dieser Stelle rot, und an jener schwarz'; oder: ‚Dies Ding erscheint unter jener Beleuchtung rot, und unter jener schwarz'; oder, wenn ich einen Braten im Ofen vergessen habe: ‚Dies Ding war rot und ist jetzt schwarz'. Aber das schlichte: ‚Dies Ding ist gleichzeitig und in derselben Hinsicht rot und schwarz' ist kein sinnvoller Satz, und entsprechend ist der bezeichnete Sachverhalt auch nicht möglich. Die Vernunft besteht auf diesem Axiom und verlangt darum nach einer anderen Lesart der Worte bzw. nach einer Veränderung des Sachverhaltes. Wenn Luther dazu auffordert, gegen den Einspruch der Vernunft den Worten zu glauben, dann muß dieses Verständnis der Worte sich als sinnvoll erweisen lassen und sich somit die Möglichkeit sinnvoller Rede jenseits der Grenze, die der Satz vom Widerspruch vorzeichnet, ausweisen.

Und genau dies ist das weiterführende Programm Luthers; damit ist auch der Punkt identifiziert, an dem Luthers Abendmahlslehre eben nicht ein biblizistischer Widerspruch des Glaubens gegen die Vernunft ist; viel-

---

11 M. Luther, De captivitate (Anm. 7) 442,10–14.
12 Aristoteles, Met IV, 4 (1006 a 1 ff).

mehr erschließt der Glaube, der dem vorschnellen Einspruch der Vernunft nicht folgt, eine Vernunft jenseits dessen, was zunächst als vernünftig gilt: „Maior est spiritussanctus quam Aristoteles – der Heilige Geist ist größer als Aristoteles"[13], so schreibt Luther in De captivitate; aber das Reden des Heiligen Geistes ist eben nicht sinnlose Glossolalie, sondern schließt eine eigene, neue, aber sinnvolle Sprache und Logik in sich, die Luther in den großen christologischen Disputationen der 30er Jahre in der Tat als nova lingua spiritus sancti bezeichnet und der aristotelischen Logik und ihren Grenzen entgegensetzt.[14]

2. Neubestimmte Wirklichkeit: Christologie

2.1 Die ‚neue Sprache' in der Christologie

Diese neue, der aristotelischen widersprechende Sprache und Logik, in der der prädikative Satz ‚Dies ist mein Leib' vernunftwidrig – im Sinne von: dem Satz vom Widerspruch widersprechend –, aber sinnvoll ist, gewinnt Luther bereits in der Schrift De captivitate aus einer Analogie zur Christologie:

„Wie es sich in Christus verhält, so auch im Sakrament. Es ist nämlich für die leibliche Einwohnung der Gottheit nicht nötig, daß die menschliche Natur transsubstantiiert wird, so daß die Gottheit unter den Akzidenzien der menschlichen Natur enthalten ist. Sondern unbeschadet der Fortexistenz beider Naturen heißt es: Dieser Mensch ist Gott, dieser Gott ist Mensch. Und wenn dies die Philosophie auch nicht erfaßt, erfaßt es doch der Glaube. Und größer ist die Autorität des Wortes Gottes als das Fassungsvermögen unseres Verstandes. So ist es auch dafür, daß im Sakrament der wahre Leib und das wahre Blut ist, nicht nötig, daß Brot und Wein transsubstanziiert werden, so daß Christus unter den Akzidenzien enthalten ist. Sondern wiewohl beides gleichzeitig bestehen bleibt, heißt es doch und ist wahr: Dieses Brot ist mein Leib; dieser Wein ist mein Blut. Und umgekehrt."[15]

---

13 M. Luther, De captivitate (Anm. 7) 442, 20 f.

14 St. Streiff, Novis linguis loqui, FSÖTh 70, Göttingen 1993. Vgl. die christologischen Disputationen: Disputatio de sententia: Verbum caro factum est [1539], WA 39/II, 1–33; Disputatio De divinitate et humanitate Christi [1540], WA 39/II, 92–121, hier zur ‚nova lingua' oder ‚grammatica spiritus sancti': 10, 4–12, 10 [A]; 94, 17–32; 103, 5; 104,10–19 und 104,21–105, 19; 116–118.

15 M. Luther, De captivitate (Anm. 7) 442, 30–41.

Das Argument dafür, daß die Worte Christi nicht nur gegen alle Vernunft im wörtlichen Verstand festzuhalten sind, lautet also zunächst so: Es
gibt vergleichbar strukturierte Aussagen in der Schrift, die nicht sinnlos
sind, und zwar in der Christologie, wo ebenfalls einander ausschließende
Prädikate von einem Sachverhalt gelten.

2.2 Die Auseinandersetzung um die Christologie mit den Altgläubigen und mit den Reformierten

Damit ist nun ein Thema angeschlagen, das Luther in den Auseinandersetzungen mit Karlstadt, mit Zwingli und mit Ökolampad breit entfaltet
hat, und diese Position ist nun zu skizzieren:

Die Frage, ob und in welchem Sinne mit Bezug auf die Person Jesu
Christi gesagt werden kann, daß hier Gott Mensch und umgekehrt sei,
wurde in der vorreformatorischen Theologie beispielsweise in jedem Sen-
tenzenkommentar in dist 6 des dritten Teils behandelt.[16] Dabei ist deutlich,
daß nach allgemeiner Meinung dieser Satz selbstverständlich richtig ist,
denn – und nun stelle ich der Einfachheit halber die Thomasische Variante
dar[17]: Die zweite Person der Trinität, die Gott ist, ist in Christus zugleich
Träger einer menschlichen Natur. Das heißt: dieser Mensch – Jesus von
Nazareth – ist genau darum ein selbständig existierendes und handelndes
Wesen, weil hier das Wesen eines Menschen durch die Person des Logos
mit Selbständigkeit ausgestattet wird. Daß dieser Mensch ein selbständiges
Seiendes ist, hat er nicht – wie alle anderen Menschen – aus sich selbst,
sondern durch die Person des Logos. Die Person des Logos ist Träger der
menschlichen Natur Christi – Grund ihrer Selbständigkeit.

Wir alle sind Menschen. Wir werden als ‚Mensch' bezeichnet, weil wir
ein Einzelexemplar menschlicher Natur sind. Der Träger einer menschlichen Natur ist ein Mensch. Das heißt: Ein Träger einer menschlichen Natur kann in aller Selbstverständlichkeit durch den Begriff bezeichnet werden, der ein Einzelexemplar dieser Natur bezeichnet. Wenn nun der Logos
eine menschliche Natur im Sein hält, dann ist er im Blick darauf, daß er
diese Funktion ausübt, ein Mensch.

---

16 Petrus Lombardus, Sententiae quattuor libros distinctae III dist 6. Vgl. zu den Kommentaren
    z.B. G. Biel, Collectorium ca. quattuor libros sententiarum III, hg. v. W. Werbeck u.a., Tü-
    bingen 1979, III dist 6; dazu Schwarz, Gott (Anm. 1) 320 ff.
17 Nach: Thomas von Aquin, Summa Theologiae (STh) III q 16, hier bes. a 1 und 2, aber auch
    die folgenden zur Idiomenkommunikation.

Es bedarf keines Blickes auf die Einzelheiten[18]; es wird nur eines deutlich: Das Argument dafür, daß hier Gott ein Mensch ist, ist ein funktionales. Weil die göttliche Person für die menschliche Natur die Funktion hat, die normalerweise einem eigenen Träger der menschlichen Natur zukommt, können der göttlichen Person alle konkreten Prädikate und alle Eigenschaften und Begriffe zugeschrieben werden, die normalerweise ein ‚menschliches Diesda' bezeichnen. Was Gott und Mensch miteinander verbindet ist die Funktion, die die Person des Logos für die menschliche Natur hat: Sie bietet das Fundament ihrer Selbständigkeit. Und genau dies erlaubt es, diese göttliche Person als ‚Mensch' zu bezeichnen und menschliche Eigenschaften, Handlungen und Widerfahrnisse dem Subjekt Gott zuzuschreiben. Daß Gott Mensch ist heißt also nichts anderes als: Die Person des Logos ist die Instanz, die eine menschliche Natur trägt. Die Wendung ‚Gott ist Mensch' und die Zuschreibung menschlicher Eigenschaften an Gott und umgekehrt bedeutet aber in keiner Weise eine Neubestimmung dessen, was Gott und Mensch jeweils sind – sie bleiben vor wie nach der personalen Union göttliche Person und Mensch wie jeder andere.

2.3 Luthers Reformulierung der Zweinaturenlehre

Auch Luthers Reformulierung der Zwei-Naturen-Lehre kann hier nicht in extenso dargestellt werden. Will man die Differenz zwischen Luther einerseits und seinen altgläubigen und reformierten Gegnern andererseits auf den Begriff bringen, so gilt, daß für Luther die Wendungen, mit denen die Bibel und die kirchliche Tradition die Bedeutung der Person Jesu Christi zum Ausdruck bringt, nicht unter dem Vorbehalt eines bestimmten Verständnisses der Vereinigung der Naturen und des Verhältnisses der Naturen steht, sondern er umgekehrt davon ausgeht, daß die Wendungen der Schrift erst erschließen, womit wir es in der Person Jesu zu tun haben.

In das Zentrum der Christologie treten nun ganz bestimmte biblische Aussagen über die Person Jesu, die Luther wieder mit der Anweisung verbindet, sie nicht von vornherein unter den Vorbehalt des herkömmlichen Verständnisses dessen zu stellen, was allenfalls ein Gott oder ein Mensch sein kann; die biblischen Zuschreibungen werden vielmehr als die Ansage einer Erweiterung des bezeichneten Sachverhaltes gedeutet:

„... kürtzlich lasse yhm ein einfeltiger Christ daran begnügen, Das der heilige geist wol hat wissen uns zu leren, wie wir reden sollen ... Also

---

18 Genauer vgl. Schwarz, Gott (Anm. 17).

spricht aber der heilige geist Johan. 3. Also liebet Gott die welt, das er
seinen einigen Sohn dahin gibt, Ro. 8. Er hat seines eigen sons nicht ver-
schonet, sondern fur uns alle dahin gegeben. Und so fort, alle werck, wort,
leiden, und was Christus thut, das thut, wirckt, redet, leidet der warhaftige
Gottes son, und ist recht gered: Gottes son ist fur uns gestorben, Gottes
son predigt auff erden, Gottes son wescht den jüngern die füsse, wie die
Epistel Ebre. 6. sagt: Sie creutzigten yhn selbs den son Gottes."[19]

Es ist ganz deutlich die Redeweise der Schrift, die dazu anleitet und dazu nötigt, von Gott etwas zu prädizieren, was nach herkömmlicher Definition des Begriffes von ihm ausgeschlossen ist. Der Begriff ‚Gott' verbindet
sich mit Prädikaten, die nicht zu dem semantischen Gehalt gehören, der
üblicherweise mit dem Begriff verbunden ist, und dasselbe gilt für den
Begriff ‚Mensch'. Der Lebensvollzug des Menschen Jesus von Nazareth
wird zum Prädikat Gottes, und die Prädikate Gottes werden zu Attributen
des Menschen, die es erlauben und verlangen, auszusagen, daß der
Mensch Jesus von Nazareth allgegenwärtig die Welt regiert.

In dieser Person erlangen Gott und Mensch Prädikate, die über das hi-
nausgehen, was der natürliche Sprachgebrauch – und zwar zu Recht! –
von Gott und Mensch aussagt; der biblische Sprachgebrauch erschließt
den Sachverhalt der ‚Idiomenkommunikation', der Mitteilung der Eigenschaften Gottes an den Menschen und umgekehrt:

„Es gibt eine communicatio idiomatum [Mitteilung der Eigenschaften]
...: Unterschieden sind die Naturen, aber nach jener Mitteilung gibt es eine
Verbindung, d.h. eine Person, es bestehen nicht zwei Personen. ... Daher
sage ich zu Recht das, was ich vom Menschen Christus sage, auch von
Gott: daß er gelitten hat und gekreuzigt wurde.

Einwand: Aber Gott kann nicht gekreuzigt werden oder leiden.

A[ntwort]: Das weiß ich – als er noch nicht Mensch war. Von Ewigkeit
her hat er nicht gelitten, aber als er Mensch wurde, ist er leidensfähig geworden. Von Ewigkeit her war er nicht Mensch, aber empfangen – vom
Hl. Geist nämlich –, geboren von der Jungfrau Maria werden Gott und
Mensch eine Person und haben Gott und Mensch dieselben Prädikate
[wrtl.: sind die Prädikate Gottes und des Menschen dieselben]. Hier ist
eine Einheit der Person entstanden. *[dt:] Da geht's ineinander* Menschheit
und Gottheit. *Die* Einheit, *die helts.* Ich bekenne zwei Naturen, aber sie
können nicht getrennt werden. Das macht die Einheit, die eine größere und
festere Verbindung ist als die von Seele und Leib, weil diese getrennt werden, jene niemals, die unsterblich göttliche Natur und die sterbliche

---

19 M. Luther, Vom Abendmahl Christi (Anm. 8) 391, 7–18.

menschliche Natur, sondern sie sind verbunden in einer Person. *Da heißts* Christus, der leidensunfähige Gottessohn, Gott und Mensch wird gekreuzigt unter Pontius Pilatus."[20]

Es ist also zu unterscheiden zwischen den Aussagen über Gott und Mensch extra Christum und in Christo. Die Leidensunfähigkeit Gottes und die beschränkte Macht und die Ortgebundenheit des Menschen stellt die Vernunft nicht etwa irrtümlich fest, sondern dies sind in der Tat Grundprädikate Gottes bzw. des Menschen. Die Schrift spricht aber in einem Fall, nämlich mit Bezug auf die Person Jesu anders über Gott einerseits und den Menschen Jesus von Nazareth andererseits; sie weist Gott das Leiden und den Tod und dem Menschen die Herrschaft über alle Welt zu. Die Begriffe ,Gott' und ,Mensch' gewinnen zusätzlichen semantischen Gehalt[21] über den bisherigen hinaus.

Während die reformierten und die altgläubigen Gegner Luthers diese Aussagen der Schrift gleichsam unter Kuratel stellen und sie so zu interpretieren suchen, daß sie kompatibel sind mit dem üblichen semantischen Gehalt des Begriffes ,Gott' und ,Mensch', nimmt Luther sie zum Nennwert: Es handelt sich um eine Neudefinition Gottes und des Menschen; diese sprachliche Neudefinition erschließt, was in der Person Christi geschieht: In seiner Person vollzieht sich ein Vorgang, den die sprachlichen Zueignungen abbilden, nämlich der Vorgang einer wechselseitigen Selbstmitteilung Gottes an den Menschen und des Menschen an Gott. Man hat es also in der Person Jesu Christi mit einer Einheit von Gott und Mensch zu tun, die eben nicht ein Nebeneinander zweier gegenständlich gedachter Naturen ist, sondern der Vollzug gegenseitiger Mitteilung aller Eigenschaften und Widerfahrnisse, durch die Gott die Attribute des Leidens und Sterbens, und der Mensch die Attribute göttlicher Allmacht gewinnt. Gott und Mensch sind in Christus jeweils noch etwas anderes, als sie abgesehen von Christus und im durchschnittlichen Verständnis der Begriffe sind.

2.4 Der ,neue Sinn der Worte'

In diesem Sinne spricht Luther davon, daß die Worte in der Anwendung auf die Person Jesu Christi eine ,neue Bedeutung' erhalten: Die Worte

---

20 M. Luther, De divinitate et humanitate Christi (Anm. 144), 93–121, hier 101 f.

21 Der Begriff ,semantischer Gehalt' bezeichnet hier etwas ganz Einfaches: Die Begriffe, die unter einem Begriff befaßt sind und die, vollständig aufgelistet, den Begriffsinhalt erschöpfen – so schließt der semantische Gehalt von ,Mensch' die Zweibeinigkeit, die Fähigkeit, zu lachen, die Begabung mit Vernunft etc. ein.

‚Gott' und ‚Mensch' werden Begriffe, die über ihren natürlichen Gebrauch hinaus ihr Gegenteil einschließen und mitbezeichnen:

„20. Es ist gewiß, daß alle Begriffe in Christus eine neue Bedeutung erhalten, wiewohl sie dieselbe Sache bezeichnen.

21. Denn [der Begriff] ‚Kreatur' bezeichnet nach dem alten Sprachgebrauch und in Bezug auf alle anderen Sachverhalte [abgesehen von der Person Christi] einen von der Gottheit in unendlicher Weise getrennten Sachverhalt.

22. Nach dem neuen Sprachgebrauch bezeichnet er [der Begriff] einen Sachverhalt, der mit der Gottheit untrennbar in derselben Person in unaussprechlicher Weise verbunden ist.

23. So ist es notwendig, daß die Worte ‚Mensch', ‚Menschheit', ‚gelitten' etc. und alles, was von Christus ausgesagt wird, neue Worte sind.

24. Nicht, weil sie eine neue oder andere Sache, sondern weil sie diese neu und anders bezeichnen – wenn man das nicht eigentlich auch eine neue Sache nennen müßte."[22]

Die Neubestimmung – dieser Punkt ist wichtig – geht in diesem Zitat aus von dem Sprachgebrauch der Schrift[23]: die Erweiterung des semantischen Gehaltes, die die Begriffe dort in der Anwendung auf Christus erfahren, nötigt dazu, festzustellen, daß die Begriffe definiert werden unter Einschluß dessen, was nach dem durchschnittlichen Sprachgebrauch ihr Gegenteil ist: Der Begriff ‚Mensch' schließt in seiner Anwendung auf Christus die Prädikate des Begriffes ‚Gott' nicht aus, sondern ein; indem ich Christus als Mensch bezeichne, ist sein Gottsein mitbezeichnet. Diese Neubestimmung, die dem durchschnittlichen *Sprach*gebrauch widerfährt, weist hin auf – oder besser: erschließt eine *Neubestimmung der Sache*, so daß man eben sagen muß, daß in der Person Jesu in präziser Weise neu – unter Einschluß des Gegenteils – definiert wird, was jeweils Gott und was Mensch ist.

Eine solche Neudefinition ist immer problematisch, wenn es sich um eine willkürliche und ungeordnete Zuweisung von Prädikaten an einen Begriff handelt; dann wird der Begriff äquivok.[24] Diese christologische Neudefinition aber erfolgt nicht wahllos, so daß sich ein Sprachgebrauch ergeben würde, in dem die ‚alte' Sprache mit der ‚neuen' nichts mehr zu tun hätte, sondern in präziser Weise so, daß der ‚alte' Sprachgebrauch

22 M. Luther, De divinitate et humanitate Christi (Anm. 144) 94, 17–26.
23 Das ist auch in der Wendung gemeint, daß der Heilige Geist die Formeln, in denen über Christus zu reden ist, vorschreibt: M. Luther, De divinitate et humanitate Christi (Anm. 144) 104, 18 f.
24 Dazu M. Luther, Über Joh. 1, 14 (Anm. 144) 10, 4–12, 10 [A].

bestätigt, aufgenommen, und mit dem Gegenteil seiner selbst verbunden wird. Es gibt, so könnte man sagen, den ‚neuen' Sprachgebrauch nicht an sich, sondern immer nur in der Bewegung über den alten Sprachgebrauch hinaus – christologisch gesprochen: es gibt die Person Jesu nicht an sich, sondern nur als den Vollzug der wechselseitigen Selbstmitteilung von Gottheit und Menschheit; in diesem Vollzug müssen Gottheit und Menschheit zugleich als unterschieden gedacht werden – das ist der ‚alte' Sprachgebrauch; und als vereint – das ist der semantische Gewinn, der sich in diesem Vollzug ergibt. Es handelt sich immer um ein ‚zugleich', die Integration des Alten – des außerchristologischen Gehaltes der Begriffe Gott und Mensch – in die Einheit mit seinem Gegenteil. Oder anders: Die Person Jesu ist der Prozeß der wechselseitigen Selbstmitteilung von Gott und Mensch.

3. Neubestimmte Wirklichkeit: Abendmahl

Damit komme ich zurück auf die Abendmahlslehre. Bereits in De captivitate, deutlicher aber noch in der Abendmahlsschrift von 1528 deutet Luther die Worte ‚Dies ist mein Leib' in Analogie zu den christologischen Prädikationen so, daß in den Abendmahlselementen sich derselbe Vorgang der wechselseitigen Selbstmitteilung vollzieht wie in der Person Jesu von Nazareth[25]: Auch hier erschließt der sprachliche Vorgang einen Kommunikationsvollzug, in dem eben nicht nur das Brot und der Leib Christi gleichsam nebeneinander am gleichen Ort sind, wie die gedankenlose Kennzeichnung der lutherischen Abendmahlslehre als ‚Konsubstantiation' oder ‚Lehre von der Kopräsenz' nahelegt; vielmehr handelt es sich eben um den Vollzug einer Mitteilung Christi an das Brot und einer Aufnahme des Brotes in die eigene Identität, die es eben nicht nur erlaubt, Brot und Wein als Leib und Blut Christi zu bezeichnen, sondern die es eben auch erlaubt, festzustellen, daß derjenige, der Brot und Wein nimmt und ißt und trinkt, gerade darin etwas tut, was nicht nur dem Brot und dem Wein widerfährt, sondern dem Leib und dem Blut Christi selbst; so stellt Luther fest, nachdem er eine Reihe solcher in der Schrift vorgenommener Identifikationen aufgezählt hat:

„Darumb ists aller ding recht gered, das so man auffs brod zeiget und spricht: Das ist Christus leib, Und wer das brod sihet, der sihet den leib

---

25 Vgl. nur die berühmte Passage zur ‚praedicatio identica': M. Luther, Abendmahl (Anm. 8) 455–462.

Christi ... Also fort an ists recht gered: Wer dis brod angreiffet, der greiffet Christus leib an, Unnd wer dis brod isset, der isset Christus leib, und wer dis brod mit zenen odder zungen zu drückt, der zu drückt mit zenen odder zungen den leib Christi. Und bleibt doch allwege war, das niemand Christus leib sihet, greifft, isset, oder zubeißet, wie man sichtbarlich ander fleisch sihet und zubeißet. Denn was man dem brod thut, wird recht und wol dem leibe Christi zu geeignet umb der sacramentlichen einickeit willen."[26]

Luthers These ist also die, daß die Einsetzungsworte des Abendmahls genau dann, wenn sie nicht unter der Voraussetzung dessen, was nach den Regeln der Vernunft – als der Hüterin der ‚alten Sprache'[27] – umgedeutet werden, sondern wenn sie ganz wörtlich genommen werden, eine Neubestimmung der Sprache darstellen; in dieser Neubestimmung der Sprache bildet sich eine Neubestimmung der Wirklichkeit ab. Diese Neubestimmung der Sprache und der Wirklichkeit ist aber auch nicht ein abendmahlstheologischer Sondersachverhalt, sondern entspricht dem Zentrum dessen, was in der Person Jesu Christi geschieht: Dort, und erst folgeweise in den Elementen des Abendmahls, eröffnet das deutende Wort den Vollzug einer Neubestimmung der Wirklichkeit, die sich im sprachlichen Vollzug abbildet und erschließt.

Damit wird eben auch deutlich, daß die Wendung, Christus sei ‚in, mit und unter' den Elementen des Abendmahls, strenggenommen den Sachverhalt nicht trifft, und daß lokale Termini – die Rede von der ‚Gegenwart' oder ‚Anwesenheit' Christi – ebenfalls Unterbestimmungen darstellen. Christus ist nicht ‚in' Brot und Wein, sondern eins mit Brot und Wein so, daß ich es im Umgang mit Brot und Wein mit Christus selbst zu tun habe.

4. Neubestimmte Wirklichkeit: Rechtfertigung

Ich halte in der Tat dafür, daß diese eigentümlichen sprachtheologischen Erwägungen das Zentrum der Theologie Luthers darstellen. Ich will versuchen, dies noch an einem weiteren Element der Theologie Luthers andeutungsweise darzustellen – nicht als Selbstzweck, sondern weil sich von daher noch ein weiterer Aspekt seiner Lehre von der Realpräsenz erschließen. Ich setze ein mit dem Schluß der Latomus-Schrift, einer Passa-

---

26 M. Luther, Vom Abendmahl Christi (Anm. 8) 460, 10–17.
27 Vgl. dazu auch: J. Baur, Luther und die Philosophie, in: ders., Luther und seine klassischen Erben, Tübingen 1993, 13–28.

ge, in der Luther zusammenfassend zu erklären sucht, inwiefern es sinnvoll und geboten ist, die Erlösung des Menschen nicht als Herstellung von Sündlosigkeit durch eine Gabe der verwandelnden Gnade zu fassen, sondern als Ausdruck der gnädigen Gesinnung Gottes, die sich in einem voraussetzungsfreien Zuspruch der Vergebung erweist, nach dem der Mensch Sünder zugleich und gerecht ist. In dem Text geht es also um die Frage der im Christen nach der Taufe bleibenden Sünde, von der Latomus behauptet, daß sie nur dann ihre von Gott trennende Kraft verliert, wenn und sofern sie verschwindet. Luther erläutert nun, worin er den zentralen Irrtum des Latomus sieht:

„Das tut er, weil er samt seinen Sophistengenossen nie erfaßt hat, was Gnade und Sünde, was Gesetz und Evangelium, was Christus und Mensch ist. Denn wer von Gnade und Sünde, Gesetz und Evangelium, Christus und Mensch christlich reden will, der muß davon nicht anders als von Gott und Mensch in Christus handeln. Dort ist nämlich mit größter Vorsicht darauf zu achten, daß man jede Natur von der ganzen Person aussagt mit allen ihren Eigentümlichkeiten, und trotzdem muß man sich hüten, daß man nicht etwas, was dem Menschen allein oder Gott allein zukommt, von ihm aussagt. Denn es ist das eine, vom inkarnierten Gott bzw. vom gottgewordenen Menschen zu sprechen, und ein anderes, von Gott oder vom Menschen allein. So ist eines die Sünde außerhalb der Gnade, ein anderes in der Gnade ... "[28]

Hier steht im Hintergrund der Wendung, daß man von Christus und dem Menschen in Analogie zum Verhältnis von Gott und Mensch in Christus sprechen soll, offensichtlich eine Deutung der Rechtfertigung nach dem Modell der christologischen Prädikationen, nach der der Zuspruch der Vergebung nichts anderes als die Attribution der Person und des Werkes Christi an den Glaubenden und umgekehrt ist: die Sünde wird hier mit ihrem Gegenteil zusammengesprochen, und derjenige, der Sünder ist, wird als gerecht prädiziert, der Gerechte (Christus) hingegen als Sünder. Die Ausführung dieses Gedankens im Rahmen der Theologie Luthers findet man in den vielfältigen Passagen, in denen Luther den Vorgang der Rechtfertigung im Modell des fröhlichen Wechsels beschreibt und dabei eben weniger die Brautmystik als vielmehr die Analogie der Idiomenkommunikation im Rahmen der Christologie aufnimmt – am deutlichsten und unter Verwendung des christologischen Personbegriffes in der großen Galatervorlesung:

---

28 M. Luther, Rationis Latomianae confutatio [1521], WA 8, (36) 43–128, hier 126, 21–31.

„Der Glaube muß richtig gelehrt werden, daß du nämlich durch ihn mit Christus zusammengeklebt wirst, daß aus dir und ihm gleichsam eine Person wird [conglutineris Christo, ut ex te et ipso fiat quasi una persona], die nicht getrennt werden kann, sondern ihm beständig anhängt und sagt: Ich bin wie Christus; und umgekehrt sagt Christus: ich bin wie dieser Sünder, weil er an mir hängt und ich an ihm; verbunden sind wir nämlich durch den Glauben in ein Fleisch und Gebein ... so, daß dieser Glaube Christus und mich enger verbindet als ein Ehemann seiner Frau verbunden ist."[29]

Dieser Text ist darum über den bekannten Passus aus der Freiheitsschrift hinaus interessant, weil hier deutlich wird, warum es eigentlich, wie es dort heißt, der *Glaube* ist, der Christus und den Menschen so verbindet, wie das im Rahmen der Christologie die eine Person in den beiden Naturen tut: Der Glaube ist offensichtlich gerade der Vollzug, in dem der Mensch die Person und das Werk Christi so erfaßt, daß sie zur Basis eines neuen Selbstverständnisses wird – der Glaube besteht darin, daß er Christus als die eigene Identität versteht und sich die Prädikate, die von Christus gelten, zuschreibt. Der Mensch, der sich in der von Luther beschriebenen Weise die Person Christi so zuschreibt, daß er diese Zuschreibung in die Worte kleidet ‚ich bin dieser Christus‘, der vollzieht mit Bezug auf die eigene Person eine Analogie zu genau dem sprachlichen Akt, aufgrund dessen es möglich ist, mit Bezug auf die Person Christi auszusagen, daß Gott stirbt oder daß dieser Mensch allgegenwärtig die Welt regiert: Es wird jeweils von einem Sachverhalt (dem Sünder; dem Menschen Jesus von Nazareth) etwas ausgesagt, was von ihm nicht an ihm selbst, sondern nur *durch einen anderen* gilt. Im Rahmen der Rechtfertigung bedeutet das, daß die Summe der Urteile, die ein Mensch über sich selbst ausspricht und in denen er sich selbst versteht, durchsichtig wird auf deren Gegenteil dann, wenn dieser Mensch sich dem Zuspruch des Evangelium – des Christus pro nobis – versteht als dieser Christus: Über den Begriff, den er von sich selbst hat, hinaus sich Prädikate zueignet, die ihm von einem anderen seiner selbst her zukommen.[30]

---

29 M. Luther, Großer Galaterkommentar [1535], WA 40/I, 286.
30 Vgl. dazu genauer: N. Slenczka, Entzweiung und Versöhnung. Das Phänomen des Gewissens und der Erlösung in Shakespeares ‚King Richard III.‘ als Hintergrund eines Verständnisses der „imputativen Rechtfertigung" bei Luther, erscheint in: KuD 50 (2004).

5. Erinnernde Zusammenfassung

Wir sind ausgegangen davon, daß Luther den Anspruch erhebt, daß die
verba testamenti nicht unter dem Vorbehalt und in den Grenzen verstanden werden dürfen, die die am Satz vom Widerspruch orientierte Vernunft
sinnvollen Sätzen zieht. Die Identifikation ‚Dies (Brot) ist mein Leib' muß
nach allen Bestandteilen des Satzes wörtlich, und eben als Identifikation
verstanden werden.

Luther geht zweitens davon aus, daß der Glaube diese Identifikation gegen den Einspruch der Vernunft festhält, dabei aber sich nicht auf Sinnlo-
ses verläßt, sondern auf einen Satz, der eine Neubestimmung der Sprache
und der Wirklichkeit in sich schließt, die nachvollziehbar ist.

Ich hatte versucht zu zeigen, daß Luther in der Christologie und in der
Abendmahlslehre Sätze ähnlicher Struktur findet, in denen jeweils einem
Sachverhalt Prädikate zugeschrieben werden, die ihm nach dem allgemei-
nen Sprachgebrauch nicht zukommen oder die sogar seinem semantischen
Gehalt widersprechen.

Diese Sätze gewinnt Luther aus dem Sprachgebrauch der Bibel.

Im Ausgriff auf die christologischen Disputationen läßt sich zeigen, daß
Luther genau diese Sätze als Neudefinition des semantischen Gehaltes der
verwendeten Begriffe faßt; die Neudefinition verfährt nicht sinnlos, sondern ergänzt den festgehaltenen semantischen Gehalt durch antithetische
Prädikate. Der sprachliche Vorgang ist gerade nicht das Konstatieren von
vorfindlichen Prädikaten, sondern ein Vollzug der Zuschreibung von etwas ursprünglich Fremdem als eigenes.

Die sprachliche Neudefinition deutet Luther als Erschließung einer
Kommunikation, in deren Vollzug zwei Sachverhalte eines werden: die
communicatio attributorum als sprachlicher Vollzug ist selbst die communicatio idiomatum.

Dem sprachlichen Vollzug der Attribution entspricht also die Neubestimmung der Wirklichkeit, die zugleich sie selbst ist und anderes ist als sie
selbst: ihr Gegenteil.

Die Lehre Luthers von der Realpräsenz fügt sich ein in ein Verständnis
des Evangeliums als Kommunikationsvorgang, in dem die im identifizie-
renden Urteil festgeschriebene widerspruchsfreie Identität in einem neuen
Urteil über sich selbst hinausgehoben und als mit dem anderen seiner
selbst identisch prädiziert und beurteilt wird.

Und genau darum kann eben Luther seinen Widerspruch gegen die me-
taphorische Deutung von biblischen Aussagen, die der unterscheidenden
Fähigkeit der Vernunft (Brot kann nicht Leib Christi sein – der eins,

welch's du willst)[31] entgegenstehen, mit der Verteidigung des Evangeliums durch Paulus parallelisieren[32]: Das Evangelium besteht gerade darin, daß der Sünder kontrafaktisch mit einem anderen seiner selbst – Christus – identifiziert wird: ‚Ich bin wie Christus – ich bin wie dieser Sünder'[33].

6. Das Zentrum der Lehre von der Neubestimmung der Wirklichkeit

Die Lehre von der Realpräsenz; die Christologie; die Lehre von der Rechtfertigung folgen bei Luther, so habe ich zu zeigen versucht, einem analogen Prinzip, dessen Grundlage ein bestimmtes Verständnis der christologischen Idiomenkommunikation ist. Nun stellt sich – jedenfalls für den Systematiker und möglicherweise auch für den Historiker – die Frage, wo denn der Wurzel- und Haltepunkt dieser Entdeckung einer Neubestimmung der Wirklichkeit durch ein kontrafaktisches, eine Wirklichkeit mit einem anderen ihrer selbst zusammensprechenden Urteil ist.

Nach meinem Eindruck – den man ausführlich begründen müßte – ist der Entdeckungsgrund für diese Neubestimmung der Wirklichkeit nicht primär die Christologie und auch nicht die Abendmahlslehre, sondern die Erfahrung des Zuspruchs des Evangeliums als Zuspruch einer fremden Identität – der Identität Christi – als eigener Identität. Das ist darum wichtig, weil hier, im Zuspruch des Evangeliums, die Zielrichtung des Gedankens erkennbar ist; knapp skizziert im Ausgangspunkt vom Topos des ‚Gesetzes': Das Gesetz ist gleichsam der sprachliche Grundvollzug der ‚alten' Sprache: Das konstatierende Zuschreiben von Eigenschaften, das kategorische Urteil, das von einem Subjekt Prädikate aussagt, weil sie sichtbar mit ihm verbunden sind.

Das Evangelium hingegen ist dem gegenüber eine Neubestimmung, und zwar die Zumutung fremder Eigenschaften: der Zuspruch der Gerechtigkeit Christi als eigener Gerechtigkeit, und der Zuspruch der Person Christi als Identität des Menschen: Christus – für dich.

Der Glaube ist nun der Eintritt des Menschen in diesen Vorgang der Kommunikation in dem Sinne, daß der Glaube diese zugesprochene fremde Identität sich aneignet, und zwar nicht im platten Sinne einer Annahme eines gegenständlichen Geschenkes, sondern als Übernahme des Urteils

---

31 Vgl. oben S. 80 zu Anm. 8.
32 Vgl. Zitat oben S. 81 zu Anm. 9.
33 Vgl. Zitat oben S. 92 zu Anm. 299.

des Evangeliums – Fremdes wird mir zugesprochen – in das eigene Selbstverständnis so, daß der Mensch sich über das, was er als seine Identität weiß und sich zurechnen muß, versteht als Christus.[34] Der Glaube ist die Instanz, die den Zuspruch ‚Du bist gerecht aufgrund der Gerechtigkeit Christi' transformiert in den Satz ‚Ich bin gerecht' und ihn in einem beständigen Prozeß der Selbstvergewisserung dem im Gesetz und im Gewissen festgeschriebenen Selbstverständnis als Sünder gegenüberstellt.

Damit ist deutlich, daß dieser Glaube ein Prozeß ist – die beständige Vermittlung antithetischer Aussagen, in denen eine gültige Aussage über den Menschen bzw. des Menschen über sich – ich bin ein Sünder – in einem sprachlichen Vollzug vermittelt wird mit ihrem Gegenteil, das dem Menschen zukommt von einem anderen seiner selbst her und von ihm her in das eigene Selbsturteil übernommen wird: Ich bin gerecht.

Dieser Prozeß der Neubestimmung der eigenen Identität ist – das ist die Überzeugung der Reformation insgesamt – als Leistung des Subjektes, das sich ein neues Verständnis seiner selbst erschwingt, nicht denkbar; es bedarf einer dem Subjekt gegenübertretenden Instanz, die die Möglichkeit einer Neubestimmung der Wirklichkeit und die Möglichkeit eines neuen Selbstverständnisses allererst eröffnet; und hier hat eben bekanntlich das Abendmahl als individuelle Zueignung der Person Christi auf Glauben hin, das heißt: als Grund eines neuen Selbstverständnisses, seinen Ort: Der Glaubende erhält nicht einfach die Vergebung zugesprochen, sondern ergreift, indem er Brot und Wein nimmt, die Person Christi als Grund eines neuen Selbstverständnisses; und in diesem Vorgang kommt der Vollzug der Neubestimmung Gottes und des Menschen in der Person Jesu von Nazareth, der in den christologischen Prädikationen angesagt wird, zu seinem Ziel – das deute ich mit einem abschließenden Satz noch an: Nicht in einer christologischen Theorie versteht und glaubt der Mensch, daß Jesus von Nazareth Gott ist. Das ist kein Gegenstand einer Theorie. Sondern *indem* der Mensch in einem neuen Verständnis seiner selbst Christus als Grund seiner neuen, kontrafaktischen Identität ergreift, *indem* er sich selbst neu versteht und nur so, weist er Christus das Prädikat ‚Gott' zu und erkennt ihn als Gott an[35] – denn systematisch und unter Abwandlung eines

---

34 Vgl. hierzu und zum Folgenden: N. Slenczka, Der Tod Gottes und das Leben des Menschen, Göttingen 2003, hier bes.: Schuld und Entschuldigung, 184–197 und: Die Rechtfertigung des Sünders, 210–226; vgl. ferner: ders., Entzweiung, Anm. 30.

35 Vgl. Luther, Eine kurze Form der zehn Gebote / des Glaubens / des Vaterunsers [1520], WA 7, [195] 204–229, hier die Erläuterung des Begriffes ‚Glaube': 215, 1–22; hier bes.: „darumb wirt die gottheyt Jhesu Christi und des heyligen geystes damit bekannt, das wir ynn yhn gleych wie ynn den vatter glauben" – gemeint mit ‚glauben ynn': die Aussagen *über* Christus

Lutherwortes gesprochen ist Gott ist je das, woher wir uns unserer Identität versehen. Fides creatrix divinitatis. Aber das noch zu entfalten, würde zu weit führen.

---

als individuelle Zusage aneignen (vgl. das Vorangehende). Es ist – das deute ich hier am Schluß nur an – die christologische Idiomenkommunikation nicht die gegenständliche Voraussetzung des Glaubens, sondern wie der sprachliche Vorgang der Zueignung der Idiomata Christi an den Glaubenden sich in der Kommunikation von Evangelium und Glaube vollzieht, so vollzieht sich die christologische Idiomenkommunikation *im* antwortenden Bekenntnis und Dankgebet des Glaubens und ist nur dort und nur so erschlossen.

Joachim von Soosten

Präsenz und Repräsentation

Die Marburger Unterscheidung

I.

„Alles in allem, ein höchst wunderbares, schreckliches & unaussprechliches Schauspiel." Diese Zeilen notiert Herman Melville in sein Reisetagebuch, als er von einem Tagesausflug in London in seine Unterkunft zurückkehrt. Er ist Zeuge einer öffentlichen Hinrichtung geworden, die am Dach des Gefängnisses vor den Augen von dreißigtausend Zuschauern aller gesellschaftlicher Schichten stattfand. „Zahlten jeder eine halbe Krone für einen Platz auf dem Dach eines Hauses in der Nachbarschaft. Eine außergewöhnliche Menschenmenge in allen Straßen. Polizisten zu hunderten. Männer & Frauen fielen in Ohnmacht." Und die Beobachtung des Reisenden: „Der Mob war bestialisch."[1] Woran Melville auf seiner Europareise in London teilnimmt, einem Massenspektakel, für den ein Eintrittspreis entrichtet werden mußte, um in den Genuß einer Sicht auf das Geschehen zu kommen, könnte das *Theater des Rechts* genannt werden. Die öffentliche Hinrichtung und Bestrafung repräsentiert oder bringt das Recht nicht nur zur Darstellung, wie die von Melville verwendete Schauspielmetapher nahelegt. Ungleich stärker äußert sich das Recht hier in seiner Präsenz, und zwar in der Gegenwärtigkeit einer Gewalt und Macht, die nicht nur die Bühne des Rechts – bei Melville: die Körper der Hingerichteten – umfaßt, sondern auch die Körper der vermeintlich neutraldistanzierten Zuschauer ergreift und dadurch Wirkungen entlädt, wie sie Melville in seinem Tagebuch kommentiert.[2]

Aus der Perspektive des gegenwärtigen Zeitalters nimmt sich die von Melville festgehaltene Szene aus dem London im Jahr 1849 wie ein archaischer und schließlich überwundener Restbestand einer Kultur aus, dessen

---

1 H. Melville: Die Reisetagebücher, Hamburg 2001, 41 f.
2 Zum „Theater des Rechts" vgl. W. Schild: Der gequälte und entehrte Leib. Spekulative Vorbemerkungen zu einer noch zu schreibenden Geschichte des Strafrechts, in: K. Schreiner und N. Schnitzler (Hg.): Gepeinigt, begehrt, vergessen. Symbolik und Sozialbezug des Körpers im späten Mittelalter und in der frühen Neuzeit, München 1992; ders.: Alte Gerichtsbarkeit, 2. Aufl. München 1985; R. von Dülmen: Theater des Schreckens. Gerichtspraxis und Strafrituale in der frühen Neuzeit, 4.Aufl.München 1995.

Spuren alsbald verschwinden werden. Mitte des 19.Jahrhunderts werden Hinrichtungen *coram publico* aus dem öffentlichen Leben verbannt. Urteilt man aus der Sicht einer Modernisierungstheorie, die für die westlichen Gesellschaften eine lineare Rationalitätssteigerung unterstellt, dann sehen wir die symbolischen Kommunikationen der Gesellschaft in allen Teilfeldern auf dem Weg zu höherstufigen Arrangements der Abstraktion, Reflexivität, Künstlichkeit, Virtualität, Semiotisierung und funktionaler Koordination voranschreiten.[3] Davon betroffen ist der Problemkomplex der „Repräsentation" und die mit ihm verbundenen Symbolverständnisse.[4] Typologisch zugespitzt: Repräsentation gerät unter das Vorzeichen von Bedeutung, einschließlich der gerade auch für die Religionstheorie einschlägigen These, daß es die Investition in Deutungsarbeit ist, über die sich symbolische Kommunikationen in ihrem Sinngehalt erschließen.[5] Schematisch gesprochen: „Bedeutungskulturen" lösen „Präsenzkulturen" ab.[6]

Eine andere Modellperspektive als die der Ablösung und Ersetzung liegt vor, wenn der Komplex symbolischer Kommunikation unter dem Blick von Prozessen der Ausdifferenzierung beachtet wird. In dieser Einstellung könnte man zunächst vorsichtiger als im Modell der linearen Rationalitätssteigerung davon sprechen, daß sich seit der frühen Neuzeit Bedeutungskulturen von Präsenzkulturen zu unterscheiden beginnen. Die Thematisierung von zunehmender Unterscheidung und Ausdifferenzierung erlaubt es gleicherweise, auf unterschiedliche Mischformen oder auch Problemverschiebungen im Bereich der symbolischen Repräsenta-

---

3 Die soziologische Sukzession der klassischen Modernisierungstheoretiker ist lang. Sie reicht von Max Webers Rationalisierungskonzept über Talcott Parsons Theorie der „evolutionären Universalien" bis hin zu Ulrich Becks „Theorie reflexiver Modernisierung". Daß diese Linie Plausibilität für sich beanspruchen kann, zeigen die Beiträge in M. Faßler (Hg.): Alle möglichen Welten. Virtuelle Realität, Wahrnehmung, Ethik der Kommunikation, München 1999. Daß aber nur „eine" Linie generalisiert wird, akzentuiert K.-S. Rehberg: Weltrepräsentanz und Verkörperung, in: Gert Melville (Hg.): Institutionalität und Symbolisierung. Verstetigungen kultureller Ordnungsmuster in Vergangenheit und Gegenwart, Köln/Weimar/Wien 2001, 3–49.

4 Vgl.vor allem G. B .Ladner: Medieval and Modern Understanding of Symbolism: A Comparison, in: Speculum. A Journal of Medieval Studies Vol LIV (1979), 223–256.

5 Vgl.dazu W. Gräb: Lebensgeschichten, Lebensentwürfe, Sinndeutungen. Eine praktische Theologie gelebter Religion, Gütersloh 1998; U. Barth: Religion in der Moderne, Tübingen 2003.

6 Ich folge dem von H. U. Gumbrecht in einer Reihe von Einzelaspekten verfolgten und weiterentwickelten Vorschlag, der uns erlaubt, die klassischen Modernisierungstheorien mit dem Modell Präsenz versus Repräsentation nochmals neu und anders zu entwerfen. Vgl.jetzt ders.: The Powers of Presence. What Resists Meaning, Standford 2004. Eine Vorschau findet sich in ders.: Ten Brief Reflections on Institutions and Re/Presentation, in: G. Melville (Hg.): Institutionalität und Symbolisierung (siehe oben Anm.3), 69–75.

tion zu achten.[7] Die Ausdifferenzierungsthese hat Folgen für den Begriff der „Repräsentation" beziehungsweise für Konzepte, in denen er in Verbindung gebracht wird.[8]

Die Verwendungsweisen von „Repräsentation" müssen in systematischer wie historischer Hinsicht einer doppelten Lesart zugeführt werden, die aus einem Spannungsverhältnis resultiert, die dem Begriff vermutlich schon selbst innewohnt. Zum einen, das wäre die erste Lesart, stünde Repräsentation unter dem Vorzeichen von Bedeutung, Bezeichnung und bestimmten Strategien der Deutungsarbeit. In diesem Konzept dominiert der Gedanke der *Stellvertretung*: Die Abwesenheit des Repräsentierten ist Voraussetzung für den Stellvertretungs- und Darstellungsvorgang. Zum anderen und davon unterschieden ist dasjenige Repräsentationskonzept, das wäre die zweite Lesart, bei dem stärker als bei dem reinen Stellvertretungstyp das Kernelement der *Vergegenwärtigung* dominiert. In diesem Repräsentationskonzept steht Repräsentation unter dem Vorzeichen von Präsenz (Vergegenwärtigung) beziehungsweise Verkörperung (Realpräsenz).

Die Geschichte der theologisch-politischen Symbolkriege vom Investiturstreit (Krone und Mitra) über den Abendmahlsstreit (Leib und Brot) bis hin zum Kopftuchstreit (Kutte, Kippa und Kopftuch) ist noch ungeschrieben. Diese Geschichte würde Aufschluß darüber erwarten lassen, wie und warum im Streit um die Sinnfälligkeit und Sinnhaftigkeit symbolischer Repräsentationen die beiden Repräsentationskonzepte, die hier typolo-

---

7 Die Beobachtung von Mischformen ist schon deswegen von Interesse, weil sich moderne Gesellschaften in einem schwer lösbaren Spannungsverhältnis zwischen der Unmöglichkeit und der Unumgänglichkeit symbolischer Repräsentation bewegen. Vgl. dazu C. Klinger: Corpus Christi, Lenins Leiche und der Geist des Novalis, oder: Die Souveränität des Staates, in: H. Belting, D. Kamper, M. Schulz (Hg.): Quel Corps ? Eine Frage der Repräsentation, München 2002, 219–232. Daß unbedacht favorisiert wird, daß Macht in demokratischen Gesellschaften als „empty place" gehandelt wird oder werden müsse (Habermas wie Luhmann), erklärt vielerlei Schwierigkeiten, den gegenwärtigen Symbolkrieg um das „Kopftuch" in eine historisch-systematische Perspektive über die Permanenz des Theologisch-Politischen einzuordnen. Vgl. dazu K.-S. Rehberg: Institutionalisierung und die Funktionsveränderung des Symbolischen, in: Leviathan Sonderheft 16. Institutionenwandel, Opladen 1997, 94–118. – Zu vermuten ist, daß „Präsenz" nicht vollständig aus einer Kultur zu verbannen. Wird sie an einer Stelle zugunsten von „Repräsentation" (Stellvertretung) aufgelöst, taucht sie an anderer Stelle wieder auf. Beispiel bzw. Vermutung: Wird sie bei den reformierten Religionssystemen aus dem Abendmahlsverständnis verbannt, so taucht sie im Religionssystem wieder an der Stelle der Lebensführung auf. Über den Konflikt zwischen Körperpräsenz und Zeichenrepräsentanz vgl. Don De Lillo: Cosmopolis, Köln 2003.

8 Zur mittelalterlichen Repräsentationstheorie vgl. A. Zimmermann (Hg.): Der Begriff der Repraesentatio im Mittelalter. Stellvertretung, Symbol, Zeichen, Bild, Berlin/New York 1971.

gisch-schematisch unterschieden wurden, in Spannung miteinander stehen, und wie und in welcher Richtung diese Spannung aufgelöst, pazifiziert oder entzerrt wird.[9] Oder zurückkehrt in Widergängern einer alten Frage, die durch Aufklärungen erster Stufe keinesfalls erledigt ist.

Das *Theater des Heils* in Form des Abendmahls stellt in diesem Szenarium keine Ausnahme dar, sondern bildet vielmehr, in unterschiedlichen historischen Abfolgen, das zentrale Feld, auf dem dieser Streit verhandelt wird und zum Austrag gelangt. Vor diesem Hintergrund kommt dem Marburger Religionsgespräch zwischen Luther und Zwingli und der Marburger Unterscheidung von 1529 ein kulturgeschichtlich zentraler Stellenwert zu. Die Marburger Unterscheidung ist das kulturgeschichtliche Emblem einer Schwelle, auf der Präsenzkulturen und Bedeutungskulturen, um die oben eingeführte Typologie zu wiederholen, auseinanderzutreten beginnen.[10] Die Unterscheidung läßt sich in ihrer Zuspitzung bis in den Wortlaut der Streitsache hinein verfolgen. Körperlichkeit oder Zeichen, Fülle der göttlichen Gegenwart oder formale Zeichenkombinatorik, Realpräsenz oder Bedeutung, „est" oder „significat", das waren die Streitfragen über ein Kernproblem, das bis heute fortdauert. Daß das Sakrament etwas repräsentiert, was es selbst nicht ist (Bedeutungskultur) steht im unausgleichbaren Gegensatz zu der Position, die dafür optiert, im Sakrament komme die Wirklichkeit der Verheißung *praesente* und nicht nur bloß *repraesente* zur Gegenwart (Präsenzkultur).

In einem ersten Anlauf zur abenteuerlichen Geschichte der Symbolkriege stößt der Leser auf den Eintrag: Der Beobachter der Marburger Szene wird Zeuge einer theologischen Zuspitzung, in der sich eine Revolution im Denken und Fühlen ereigne, „mit dem die Menschen der von ihnen bewohnten Welt begegnen. Eine Welt wird sein, die es immer schwieriger

---

9 Der Kanon der Forschung zu diesem Forschungskomplex wird eröffnet durch die überragende Studie von E. Kantorowicz: The King's Two Bodies. A Study in Mediaeval Political Theory, Princeton 1957. Zur Abendmahlsproblematik in dieser Perspektive vgl. a. a. O., [dt.Ausgabe München 1990] 206 ff.

10 Mit dem irenisierenden Vorschlag, den Streit um Status von „Repräsentation" im Sinne Schleiermachers als vergegenwärtigende Darstellung aufzufassen, operiert E. Jüngel (ders.: Das Evangelium von der Rechtfertigung des Gottlosen als Zentrum des christlichen Glaubens, Tübingen 1998, 199). Der Vorschlag unterschlägt allerdings, daß sich gerade in Schleiermachers Begriff des darstellenden Handelns, was der diakritischen Schwelle der Repräsentationssemantik um 1800 entspricht, oszilliert zwischen Darstellung, Schauspiel und distanzierter Wahrnehmung einerseits und Affektion, Ergriffenheit und Durchbrechungsgestalten der Form durch Form andererseits. Auf dieser oszillierenden Schwelle befindet sich auch Kant in seiner „Kritik der Urteilskraft". Problemgeschichtliche Aufklärungen über diese Tauschzone bietet P. Bahr: Darstellung des Unstellbaren. Religionstheoretische Studien zum Darstellungsbegriff bei A. G. Baumgarten und I. Kant, Tübingen 2004.

finden wird, auch nur zu verstehen, geschweige denn hinzunehmen, was Luther im Sinn hatte, als er Zwinglis ‚Entmythologisierung' bekämpfte."[11] Wahrscheinlich war dieser Eintrag von einer Verlusterfahrung diktiert, die das Aufstiegsparadigma der Rationalisierungstheorie mit melancholisch grundierten Verlustgeschichten konfrontierte. Inzwischen kann es aber sein, daß wir die Marburger Unterscheidung einer veränderten Thematisierung zuführen können. Unter dem Eindruck der Unterscheidung zwischen Präsenzkulturen und Bedeutungskulturen wird immerhin auf neue Weise lesbar, was Luther im Sinn hatte und mit welchen Mitteln, Beleihungen an Denkformen und wissensformierenden Rahmenannahmen er seine Option zu verteidigen suchte: die Option auf Präsenz – gegenüber einer Wirklichkeit, deren Realität (mundus rapidus) darin besteht, sich fortzutun.

II.

„Keinem Theologie- oder Philosophiehistoriker sei der Ehrgeiz gewünscht", so hat ein Wissenschaftsgeschichtler geseufzt, über den Bedeutungsstatus der Einsetzungsworte Jesu Christi „Hoc est corpus meum" „entscheiden zu wollen."[12] Wahrscheinlich hat der Historiker sogar recht, vermutlich ist eine Entscheidung über den Bedeutungsstatus im Sinne einer chemisch reinen Formel überhaupt nicht möglich. Was aber sinnvoll und möglich bleibt, ist, den unlösbaren Streit über die Einsetzungsworte nach den jeweiligen Denkmodellen und jeweils aktuellen Depotreserven zu befragen, die den Rahmen abgeben, innerhalb dessen über den Bedeutungsstatus der Einsetzungsworte entschieden worden ist und wird. Reichweite, Plausibilitätsstrukturen und Grenzen solcher Modelle sowie das Zwischenfeld zwischen den Extremwerten *doctrina* und *opinio* könnten dann ebenfalls beraten werden.

In typologischer Absicht lassen sich in der Streitsache Abendmahl zwischen 1520 und 1530 drei solcher Denkmodelle unterscheiden. Erstens das *Substanz-Form-Modell*, das sich auf den Bahnen der aristotelischen Begriffsapparats bewegt, wie es in der scholatischen Theologie entwickelt wurde. Zweitens das *Sinn-Bedeutungs-Modell*, wie es in der europäischen Kirchengeschichte von Ökolampad und Zwingli aufgebaut wurde. Drittens

11 E. Heller: Die abenteuerliche Geschichte der modernen Poesie (1963), in: ders.: Im Zeitalter der Prosa, Frankfurt am Main 1884, 181 (179–204).
12 L. Danneberg: Sinn und Unsinn einer Metapherngeschichte, in: H. E. Bödecker (Hg.): Begriffsgeschichte, Diskursgeschichte, Metapherngeschichte, Göttingen 2002, 288f. (259–421).

das *Tropus-Performativitäts-Modell*, wie es von Luther sowohl gegen das Transsubstantiationsdogma als auch und vor allem gegen die Zwinglianer und Oberdeutschen etabliert wurde.[13]

Um 1520, in Verbindung mit Luthers Angriffen auf die „die zweite Gefangenschaft" der Kirche im Dogma der Transsubstantiation, ist das Tropus-Performativitäts-Modell in den Schriften Luthers noch nicht anzutreffen. Luther versucht sich in diesem Zeitraum an der Transformation des überkommenen Denkmodells, mal mit Argumenten innerhalb der Rahmengesetze des Modells, mal mit Grundsätzen, die außerhalb dieser Rahmengesetze stehen, in denen sich ein neues Denkmodell aber allenfalls ankündigt. Was die Argumente innerhalb der Rahmengesetze des Modells betrifft, so weist Luther vor allem auf *Selbstwidersprüchlichkeiten der theologischen Aristotelesrezeption* hin: Thomas habe Aristoteles nicht verstanden.[14] Außerhalb dieser Aufdeckung von Selbstwidersprüchlichkeiten bewegt sich die Argumentation, wenn Luther die komplexitätsverzweigte wie weit aufgespreizte Debatte „de substantia et accidentibus" mit dem hermeneutischen Grundsatz abbügelt, die *Worte der Schrift* sollten soweit wie möglich nach ihrer einfachsten Bedeutung verstanden werden: Der theologisch-philosophische Vorwitz aus den Mitteln des Aristoteles sei ein unglückseliger Bau auf einem noch unglückseligeren Fundament. Christus habe Aristoteles nicht gekannt; die Sprache der Schrift kennt die Apparatur der aristotelischen Begriffsunterscheidungen nicht.[15] In der

---

13 In der weiteren Entwicklung kommt für die Kennzeichnung der Position Luthers der von Luther nicht verwendetete Begriff der „Realpräsenz" auf. Seine historische Herkunft (Erstaufkommen) und der zeit- und wissenskulturelle Kontext, der zur Karriere der Kennzeichnung führt, ist noch unerforscht. Das Aufsuchen der kontextuellen Bedingungen seines Erstaufkommen wäre aber wichtig, weil darin eine erste Reflexionsfigur zweiter Ordnung über die Differenz von Präsenzkultur und bloßer Repräsentationskultur dokumentiert werden könnte.

14 „Longe enim aliter Aristoteles de accidentibus et subiecto, quam sanctus Thomas loquitur. Ut mihi dolendum uideatur, pro tanto uiro, qui opiniones in rebus fiedei, non modo ex Aristotele tradere, sed et super eum, quem non intellexit, conatus est stabilire, infoelicissima fundamenta infoelicissima structura." (StA 2, 186, 10–187, 2; Dt.: „Denn Aristoteles redet weit anders von den Akzidentien und vom subjecto als Thomas, so daß es zu betrauern ist an einem so gelehrten Manne, daß er die Meinungen in Glaubenssachen nicht allein aus dem Aristoteles hat erweisen, sondern auch auf demselben, den er doch nicht verstanden, etwas bauen wollen. Ein unglückseliger Bau auf einem noch unglückseligeren Fundament.")

15 „Sed et Ecclesia ultra mille ducentos annos recte credidit, nec usquam nec unquam de ista transsubstatiatione portentoso scilicet uocabulo et somnio meminerunt sancti patres, donec cepit Aristotelis simulata philosophia in Ecclesia grassari, in istis trecentis nouissimis annis, in quibus et alia multa, perperam sunt determinata." (StA 2, 188, 12–16; Dt.: „Die Kirche hat auch mehr denn über zwöfhundert Jahre recht geglaubt, und haben niemals die heiligen Väter an einem einzigen Orte der wesentlichen Veränderung der Transsubstantiation (welches ein

Kette der Argumente gegen die Transsubstantiation im Rahmen des Substanz-Form-Modells oder der Substanz-Akzidenzien-Theatralik kommt dann noch eine dritte Seite ins Spiel, die den *Topos der Inkarnation* betrifft, auf den ich noch zurückkomme: Die menschliche Natur brauche keine Transsubstantiation, um als Wohnung der Gottheit zu dienen.[16]

Luthers Einwände in „De captivitate Baylonica" sind im Geist des Widerspruchs verfaßt. Ist damit aber bereits ein neues Denkmodell entworfen? Später wird Luther betonen, daß ihm an der Lehre von der Transsubstantiation weder positiv noch negativ viel gelegen sei; schon in „De capitivitate Babylonica" konzediert er, wer da will, solle im Rahmen der unterschiedlichen Aristotelesrezeptionen in der Theologie, unterschiedliche Meinungen innerhalb dieses Denkmodells behalten.[17] Spätestens 1529 hat sich die Diskurslage verschoben. An die Stelle des Widerspruchsmanagements ist nun ein neues Modell getreten. In einer gewiß rigiden und reichlich schematischen Anordnung nenne ich es das Tropus-Performativitäts-Modell.

Tropus heißt: Luther hat die Linie seines Arguments, das entgegen der Substanz-Akzidenzien-Theatralik der theologischen Tradition die „Einfältigkeit" der Schrift trotzig ins Feld führte, aufgenommen und weiter ausgezogen. Er hat hinzugelernt, daß die Schrift höchst kunstvoll arrangiert ist, wenn man sie – und das ist der *context of discovery* – von der Seite ihres rhetorischen Stils her begreift. Luthers Strategie: Der „Kontext der Entdeckung" wird auf das Verständnis der Einsetzungsworte ausgedehnt. Luther begreift die Einsetzungsworte tropologisch: *Synekdoche* und *Metapher* stehen in diesem Denkmodell an der Spitze einer Hierarchie von Argumenten, die bemüht werden müssen, wenn der Bedeutungsstatus der Einsetzungsworte im Sinne einer Produktion von Präsenz verteidigt werden will.

---

recht ungeheures Wort ist und erträumt) gedacht, bis daß des Aristoteles erdichtete Philosophie in der Kirche hat in diesen letzten dreihundert Jahren überhandgenommen, in welchen noch viel mehr ist beschlossen worden, als da ist.")

16 „Sicut ergo in Christo res se habet, ita et in sacramento. Non enim ad corporalem inhabitationem, diuinitatis necesse est transsubstanciari humanam naturam, ut diuinitts sub accentibus humane naturae teneatur." (StA 2, 192, 9–11; Dt.: „Und wie es sich mit Christo verhält, also verhält es sich auch in dem Sakrament. Denn es ist nicht not, wenn die Gottheit soll in der Menschheit leiblich wohnen, daß darum die Menschheit müsse verändert werden in die Gottheit, daß die Gottheit beschlossen oder begriffen sei unter den Akzidenzien der menschlichen Natur.")

17 „Permitto itaque, qui uolet utranque opinionem tenere" (StA 2, 187, 3; Dt.: „Ich lasse es demnach zu: Wer da will, mag beiderlei Meinung behalten.")

Performativität heißt: Luther hat hinzugelernt, den rhetorischen Stil nicht bloß als Stilisierung oder wechselnde Mode zu thematisieren, sondern von seiner Machtseite aus zu verstehen. Theologen können gar nicht anders, als alle Fragen, sonst wären sie keine Theologen, unter dem Gesichtspunkt von Macht zu sehen. Der Gotteskomplex ist berührt. Luther begreift die Einsetzungsworte performativ: Sie schaffen das, was sie lauten.

Mit diesem Denkmodell ist der Rahmen des Substanz-Form-Modells verlassen und ein neuer Rahmen der Thematisierung etabliert. Läßt sich im Rahmen des neuen Modells über den Bedeutungsstatus der Einsetzungsworte ultimativ „entscheiden"? Schon das Substanz-Form-Modell litt vor der Zeit der Reformen an den begreiflichen Widersprüchen zwischen einem eher thomistischen und einem eher ockhamistischen Aristotelismus.[18]

III.

Als Luther bei dem Marburger Religionsgespräch in Argumentationsnöte gebracht wird, soll er entgegnet haben „vernunft, philosophia und mathematica" gehörten nicht an den Ort, an dem über den Status der Einsetzungsworte Jesu Christ entschieden werden sollte.[19] Spät abends stellen sich beide Streitparteien wechselseitig das Zeugnis aus, nicht recht bei Vernunft zu sein. Man wolle füreinander beten und am nächsten Morgen fortfahren.[20] Daß sich das Sprachbild der Einsetzungsworte den herkömmlichen Modellen der Vernunft, Logik und Mathematik nicht fügt, sondern einen eigenständig-eigensinnigen Status und folglich eine eigene Logik und Vernunft besitzt (Gedicht, Gleichnis, Lied), darauf kann ein naheliegender Umweg der Argumentationsbeschaffung aufmerksam machen.

„Mein Leib ist eine Rose rot". So dichtet Robert Burns. Niemand, der die Auftaktzeile dieses Liebensliedes vernimmt, käme auf die Idee, daß der Leib tatsächlich eine Rose ist. Der Hörer, geschult in der allgegenwär-

---

18 Ausführlicher dazu L. Grane: Luthers Kritik an Thomas von Aquin in De captivitate Babylonica, in: ZKG 80 (1969), 1–13.

19 Bericht Osianders an den Nürnberger Rat, in G. May: Das Marburger Religionsgespräch (Texte zur Kirchen- und Theologiegeschichte Heft 13), Gütersloh 1970, 54.

20 „Es sagt auch Lutherus: Bittet Goot, ut reipiscatis. Respondit Oecolmapdaius: Et vos ortate; atque enim indigetis" (dt.: „Es sagt auch Luther: ‚Bittet Gott, daß ihr wieder zu Verstand kommt.' Oekolampad antwortet: ‚Bittet auch ihr, denn ihr bedürft es gleichermaßen'.") Der Bericht Hedios, in: Das Marburger Religionsgespräch. Hg. von G. May, a. a. O., 29.

tigen Hermeneutik des Verdachts, ergänzt insgeheim „Wie". Gleichwohl und doch, auch das spürt der Hörer, tendiert das „Wie" zu einer Abschwächung und deswegen darf das „Ist" stehen bleiben. Es ist eine Oszillation und ein Schwanken zwischen Wortlaut und Bedeutung, wie es für den Eigensinn der poetischen Sprache charakteristisch ist. Die Formulierung von Burns kann als Ausdruck einer Verzückung wie Verstörung gelesen werden, die der Erfahrung der Liebe geschuldet ist. Diese Erfahrung greift aus ins Lied; umgekehrt baut sie an einer Welt, die die Liebe allererst hervorbringt. Von der Rhetorik her betrachtet, ist die Auftaktzeile des Liebesliedes mehr als nur ein bloßer Redeschmuck, mehr nur als „Form als Mittel".[21]

Man mag die Zeile „Mein Leib ist eine Rose rot" für peinlich halten. Aber durch das entblößende „wie", den Gestus des „bedeutet", wäre die Wirklichkeit, die hier zur Sprache findet wiewohl die Wirklichkeit, die hier durch Sprache allererst zur Wirklichkeit gebracht wird, um eine entscheidende Dimension beraubt. So, wie das „ist" eine Übertreibung bedeutet, die heikel sein kann und wählerisch werden wird, so treibt auch das „wie" auf eine andere Übertreibung zu. Die Betonung auf dem „significat", gegen die Gefahr der vollkommenen Identifizierung unter der Signatur von „est" aufgerichtet, kann in das Bewußtsein eine Spaltung hineintreiben, die auch nicht ohne Wirkung bleibt. Würde man dieser Spaltung vollends nachgeben, bliebe die Liebe ihrer Wirklichkeit bedürftig.

Genau gegen die Spaltung der Wirklichkeit opponiert Luther, wenn er darauf beharrt, daß das „Est" der Einsetzungsworte keinerlei Abschwächung duldet. Die Wirklichkeit wäre ärmer an Wahrheit, die Wahrheit ärmer an Wirklichkeit. So deute ich das Motiv, das Luther zu der Geste veranlaßt, das „Est" mit „ainer kreyden für sich auf den Tisch" zu schreiben, an dem das Religionsgespräch über die Streitsache Abendmahl seinen Verlauf nehmen wird.[22]

Den Klangfiguren der poetischen Sprache billigen wir die kleinen logischen Absurditäten zu und haben ihr einen eigenen Bezirk reserviert. Was aber hindert daran, sie auch an dem Platz zu vermuten, an dem einer spricht „Dies ist mein Leib"? Welche Spaltung liegt vor, die dies verhindert? Warum nicht die Einsetzungsworte als Dichtung verstehen? Und umgekehrt: Warum die Einsichten über die Funktion der poetischen Spra-

---

21 Vgl. dazu H. Blumenberg: Anthropologische Annäherungen an die Aktualität der Rhetorik (1971), in: ders.: Wirklichkeiten, in denen wir leben, Stuttgart 1981, 104–136.

22 Vgl. Bericht Osianders: A. a. O., 52.

che und die Kunst der Poesie auf das engere Feld der Dichtung beschränken?[23]

Bemerkenswert ist die Passage, in der Luther die Vermutung äußert, daß die „Logik" vorzeitig und viel zu früh eingesetzt wird; der vorschnelle Einsatz von Logik verhindere, daß die Einsetzungsworte in ihrer sakramentlichen „Einigkeit" (vgl. StA 4, 183, 22) und „Gegenwärtigkeit" (vgl. StA 4, 217, 5) wider alle „Zeichelei" verstanden werden könnten. Bemerkenswert ist der Hinweis Luthers, daß vor aller Logik die *Grammatik und Redekunst* eingesetzt werden müssen, um eine rechte Auskunft zu erhalten (vgl. StA 4, 184, 6–9). Für das Verständnis der Einsetzungsworte sei die Tradition der Rhetorik fundamentaler als die der Logik. Aus der Tradition der Rhetorik wird wiederum die Lehre von den *Tropen* bemüht, um die Präsenz von Geist, Gnade und Leben (vgl. StA 4, 222, 18) in der sakramentalen Einigkeit von Brot und Leib zu verteidigen.

Luther rekurriert in seinen Argumentationsgängen in der Schrift „Vom Abendmahl Christi, Bekenntnis" von 1528 vor allem auf die Meistertropen der Synekdoche und der Metapher.[24] Denn alle Sprachen kennen eine Weise, von unterschiedlichen Wesen „als von einerley" (StA 4, 185, 1) zu reden. Diese Art nennen die Grammatiker die *Synekdoche*, wie Luther anfügt, denn man muß, um die Einsetzungsworte zu erfassen „auf die Sprache sehen, was da für eine Weise, Brauch und Gewohnheit ist zu reden" (StA 4, 186, 7f.). Mit dem Hinweis auf die Trope der Synekdoche wird es möglich, den Zusammenklang von Leib und Brot von der rhetorischen Geste her zu so zu verstehen, daß weder das Dogma der Transsubstantiation noch das Zeichen-Bedeutungs-Modell bemüht werden müssen. Dabei ist die Synekdoche, um Luthers Modell zu unterstützen, weit *mehr* als eine bloße rhetorische Figur oder eine bloße Laune der Sprache. Sie steht für ein Modell der Repräsentation (klassisch: in der Synekdoche steht der Teil für das Ganze wie das Ganze für einen Teil), in dem eine sich einstellende Tatsächlichkeit oder Materialität (im Sinne von Präsenz) sich nicht gänzlich ausstreichen läßt.[25] Luther berührt mit seinem Verweis

---

23 Zur Klärung solcher Fragen vgl. R. Jacobson: Linguistik und Poetik (1960), in: ders.: Poetik. Ausgewählte Aufsätze 1921–1971. Hg. von E. Holenstein und Tarisius Schelbert, Frankfurt am Main 1979, 83–121. Vgl. auch P. Valery: The Art of Poetry, New York 1958.

24 Vgl. „The Four Master Tropes": K. Burke: A Grammar of Motivs, Berkeley and Los Angeles 1969, 503–517.

25 Vgl. K. Burke: Dichtung als symbolische Handlung, Frankfurt am Main 1966, 30 ff. (Weitere Alternativen zum Termnius ‚symbolisch').

auf die Synekdoche die spannungsgeladene Unruhe des tropologischen Verfahrens: die Präsenz des Symbolischen im Symbolisierten.[26] Luther diskutiert die Trope der Synekdoche so, daß durch sie ein „neu ganz Wesen" (StA 4, 186, 14) in Präsenz gebracht wird. Auf dieser Linie liegen auch seine Äußerungen über die Trope der *Metapher*. Die Metapher ist gleichsam das Institut einer Verneuung. Ähnlich wie die Synekdoche wird die Metapher von Luther genommen als eine Weise, „wenn man zweierlei Dingen einerlei Namen gibt" (StA 4, 40, 21-41, 1) und gleichnishaft im „vocabulum simplex und metaphoricum" (StA 4, 42, 7) die verschwindende Gegenwart *zurückbringt*, auf eigene Weise *vergegenwärtigt* und, davon unterschieden, in bisher ungekannte, nämlich verjüngte Gegenwart *verwandelt*. Die Einsetzungsworte Jesu Christi werden von Luther im Ensemblebetrieb tropologischer Verfahren begriffen.[27]

IV.

Nimmt man Luthers Reformagenda ernst, dann ist bei dem Sprachgestus der Einsetzungsworte Jesu Christi eine Art Sprachmagie im Spiel. Die Sprache verwandelt alles, was sie berührt. Ob es sich bei dem Eros der Sprache um Zaubersprache oder um Sprachzauber handelt, ist von außen schwer zu entscheiden. Der Hinweis auf die tropologische Dimension, näherhin auf die verneuende Kraft der Synekdoche und der Metapher, nimmt den ‚Sprachzauber' nicht zurück, stellt aber ein Denkmodell zur Verfügung, in dessen Rahmen die Magie, die hier im Spiel ist, nicht dem Ruf des Irrationalismus ausgesetzt bleiben muß. Die Magie, die klassischer Weise von den Dingen ausgeht, wird hier auf die Magie der Sprache verlagert.[28] Die Tropen arbeiten im Sinne einer Intensivierung einer Verfertigung und Gestaltung. Sie besitzen hervorbringende Kraft. Übersetzt man

---

26 Vgl. T. Todorov: Symboltheorien, Tübingen 1995, 239 ff. (221–246: „Die Sprache und ihre Doppel").

27 Zum Verhältnis zwischen Theologie und Rhetorik bei Luther vgl. H. Junghans: Martin Luther und die Rhetorik (Sitzungsberichte der Sächsischen Akademie der Wissenschaften zu Leipzig Band 136 Heft 2), Stuttgart/Leipzig 1998; W. Maaser: Die schöpferische Kraft des Wortes. Die Bedeutung der Rhetorik für Luthers Schöpfungs- und Ethikverständnis, Neukirchen-Vluyn 1999; A. Grün-Oesterreich / P. L. Oesterreich: Dialetica Docet, Rhetorica Movet. Luthers Reformation der Rhetorik, in: Rhetorica Movet. Studies in Historical and Modern Rhetoric in Honour of Heinrich F.Plett. Ed.by Peter L.Oesterreich and Thomas O.Sloane, Leiden/Boston/Köln 1999, 25-41.

28 Zur „Objektmagie" vgl. Karl-Heinz Kohl: Die Macht der Dinge. Geschichte und Theorie sakraler Objekte, München 2003.

die Intensität einer Verfertigung, Gestaltung und Hervorbringung zurück auf das passende Fremdwort, so stößt man auf die *Performativität* der Sprache. Die verwandelnde Kraft der Sprache verweist auf die Macht der Sprache. Die Sprache schafft das, was sie geheißt. In Luthers eigener Ausführung heißt es: Christi Wort ist weder Lesewort, Nachwort oder Lügenwort, sondern ein „Machtwort, das da schaffet, was es lautet" (StA 4, 51, 20).

Nach diesem Verständnis läßt sich der Sprachgestus der Einsetzung als eine Art Bestimmung, Deklaration oder Einschnitt verstehen, durch die das Deklarierte als Wirklichkeit selbst gesetzt und nicht nur einfach bezeichnet, sondern gezeichnet wird. Der Einschnitt – modisch: das *branding* – ist dabei *mehr* als nur einen Meinen, Hinweisen oder Demonstrieren. Genau wie das Urteilen, das Bitten und Klagen, das Versprechen oder das Geständnis, das Gebieten und Befehlen, handelt es sich um einen Sprechakt, der als performativer Sprachgestus mehr ist als nur ein Richtungsanzeiger. Der Sprachgestus stiftet Präsenz und ist damit im Modell bloßer Repräsentation nicht vollständig unterzubringen.

Der Sprechakt der Einsetzungsworte ist eine Sprachgeste in dem Sinne, daß er selbst nicht nur zu Handlungen führen wird, zu einer Choreographie weiterer Gesten, sondern selbst eine Art von Handlung ist, die Wirklichkeit schafft und durch und vermittels ihrer selbst ist. Der Gestus ist eine Codierung, um diese Dimension weiter zu variieren, die nicht rückübersetzbar ist – es sei denn um den Preis, man fiele aus der Welt seiner Wirklichkeit. ‚Was gesagt ist, ist gesagt', sagen wir gewöhnlich, und meinen damit, daß man die Wirklichkeit, die durch die Worte entstanden sind, nicht, nicht mehr oder nur um einen weiteren und wahrscheinlich hohen Preis zurücknehmen kann. ‚Was gesagt ist, ist gesagt', meint aber auch, daß wir nicht lange oder ewig entziffern müssen, was ‚eigentlich' – so die Verdachtshaltung – damit gemeint ist. Der Eros der Sprache entfaltet seine eigene und gewiß nicht ganz ungefährliche Macht.

Bedenkt man das Verständnis der Einsetzungsworte von dieser Seite, dann wird nachvollziehbar, warum Luther protestiert haben soll, daß Vernunft, Logik oder Mathematik nicht hierher gehören beziehungsweise diese Seite sei im Rahmen der Hermeneutik nach dem Geschmack von Logik und Vernunft „wider alle Vernunft und spitze Logik" (StA 4, 179, 3 f.). Aber diese Auskunft, formuliert im Geist des „Widersprechenden im Widerspruch" ist nur der Auftakt für einen Hinweis, man solle der Logik folgen, die in der Sprache lebendig ist.[29] Daß dieser Hinweis mit Gewinn ausgewertet werden kann, bestätigt heute die „Theorie der Sprechakte" und der Hinweis auf die „Performativität der Sprache". Eine performative Handlung ist eine solche, die das, was sie benennt, hervorruft und situativ-sozial in Szene setzt, sie körperlich-sinnlich spürbar werden läßt und so die konstitutive und produktive Macht der Rede unterstreicht.[30] Die performative Macht der Sprache ist *eine* der Möglichkeiten zur Produktion von Präsenz.[31] Wer auf die Berührung durch Sprache, die Verneuung aus der Kraft der Tropen und die performative Macht der Sprache setzt, wie Luther dies tut, handelt sich Konsequenzen ein, die zwei weitere und zentrale Problemkomplexe betreffen. Das Tropus-Performativitäts-Modell, das Luther in seiner Schrift ‚Vom Abendmahl Christi, Bekenntnis' von 1528 favorisiert, in-formiert zum ersten den Begriff des Glaubens (*fides* und *fiducia*) wie zum zweiten die Vorstellung von Präsenz im Sinne leibkör-perlicher und nicht nur geistiger Präsenz.

Erstens: Zur Responsivität. Wer dem Eros der Sprache verfällt, für den drängt sich das Thema Glauben so gut wie von selbst auf. Sprache schafft Resonanzräume und wirkt an Atmosphären, die die Frage aufkommen läßt, wie diejenigen, die in den Bannkreis der Sprache geraten, sich ihrer-seits verhalten. Geht man dieser Frage nach, dann stößt man auf den *Logos der Responsivität*. Bedacht werden müssen die Formen des Antwortge-schehens, die aus dem Spracheinsatz der Einsetzungsworte resultieren. Luther kennt nicht nur Berührung und *Macht der Sprache*; er kennt auch die zweite Instanz, die in die Produktion von Präsenz auf nicht unmaßgeb-liche Weise hineinspielt: die *Macht der Antwort*. Luthers Abendmahlsver-ständnis läßt sich erst vollständig nachvollziehen, wenn die *zwei Instanzen* beziehungsweise und präziser das Spiel zwischen den zwei Instanzen Ver-sprechen und Antwort, *promissio und fides* in das Blickfeld der theologi-schen Aufmerksamkeit geraten. In der Kurzfassung Luthers: „Das alles

---

29 Die glückliche Formulierung „Widerspruch im Widersprechenden" verdanke ich S. Haus-ammann: Realpräsenz in Luthers Abendmahlslehre, in: Studien zur Geschichte und Theolo-gie der Reformation (FS E. Bizer), Hg.von L. Abramowski und J. F. G. Goeters, Neukirchen 1969, 169 (157–173).

30 Zur Einführung in die Theorie der „Performativität der Sprache" vgl. Ch. Wulf, M. Göhlich, J. Zirfaß (Hg.): Grundlagen des Performativen. Eine Einführung in die Zusammenhänge von Sprache, Macht und Handeln, Weinheim und München 2001. – Der Definitionssatz lehnt sich an verschiedentliche Formulierungen von J. Butler an.

31 Von hier aus läßt sich auch verstehen, warum die Liturgie des Abendmahls im rituellen Vollzug besonderer Sorgfalt bedürftig ist. Vgl. dazu M. Mosebach: Häresie der Formlosig-keit. Die römische Liturgie und ihr Feind (2002), 4. Auflage Wien und Leipzig 2003.

reichen und *geben uns die Worte* des Abendmahl und wir *fassen es mit dem Glauben.* (StA 4, 222, 30 f.; Hervorhebung JvS)

Vertrauen – Antworten – entsteht dadurch, daß der Person etwas Vertrauenswürdiges – Versprechen – begegnet, das sie, die antwortende Person, an das Vertrauenswürdige, das Versprechen, bindet. Das Antworten und Vertrauen, die Bindung, die aus dem Zusammenspiel der zwei Instanzen resultiert, erfolgt in freier und zwangloser Weise, wie Luther spätestens ab 1516 nicht müde wird zu betonen. Insofern kann das Modell, das die Performativität der Sprache betont, nicht Unterwerfung oder pure Vollstreckung meinen, die aus dem Eros und der Macht der Sprache resultiert, auch nicht logische Konsequenz, kausale Wirkung oder normierte Regel.[32] Die theologiepolitisch vielbetonte Freiheit des Glaubens hat nicht nur damit zu tun, daß das Vertrauenswürdige des Versprechens den Antwortenden in freier, das heißt hier vor allem, in zwangloser Weise einnimmt und bindet. Sie hat auch damit zu tun, daß sich die zwei Instanzen – Versprechen und Antwort, Wort und Glaube – nicht nahtlos ineinander fügen, nicht in eine beruhigte Analogie oder Verähnlichung (die klassischen Modelle dafür heißen: *analogia entis – analogia fidei*) einfügen lassen, sondern sich wechselseitig aufeinander zubewegen und abstimmen, aneinander anknüpfen wie zugleich sich wechselseitig durchqueren wie wechselseitig überragen.[33] Luther ist durchaus in der Lage, die Seite der Instanzen zu wechseln, wenn er neben der performativen Macht der Redeeinsätze Jesu darauf insistiert, daß es eben der Glaube als Antwortgeschehen sei, der allererst in Eigensinn und Eigenkreativität der Verheißung in uns zum Durchbruch verhilft. Seine Formel aus der Parteinahme für die Instanz des Antwortens und damit für das Glaubensaxiom: „fides creatrix divinitatis in nobis." (WA 40/I, 360, 5)[34]

Aus dem Zwei-Instanzen-Modell Luthers, in dem sich der Akzent auf der Performativität einer Anrede wie der Akzent auf der Responsivität des Glaubens beständig und unabschließlich durchqueren, intensivieren und durchkreuzen, läßt sich theologisch lernen, daß das Institut des Abendmahls von der Organisation, die für die Sicherheit der Inszenierung des

---

32 Ich folge hier dem Modellvorschlag von B. Waldenfels: Responsive Rationalität, in: ders.: Antwortregister, Frankfurt am Main, 1994, 333–336.

33 Eine „Logik der Entsprechung" im Sinne der „analogia fidei" wird man nur dann sachgemäß verteidigen können, wenn die Unruhe der Simultaneität zwischen wechselseitiger Abstimmung und wechselseitiger Überragung festgehalten wird.

34 Zur hermeneutischen Bedeutung dieser Formel im Fokus der Denkmodelle Luthers vgl. W. Mostert: Fides creatrix. Dogmatische Erwägungen über Kreativität und Konkretion des Glaubens, in: ZThK 75 (1978), 233–250.

Abendmahl sorgt, unterschieden werden muß. Das ist die ekklesiologische Pointe, die aus dem Zwei-Instanzen-Modell (wechselseitige Durchquerung von Versprechen und Antworten) Luthers resultiert. In einem Modell, in dem Institut, Ritus, Glaube, Verwaltung und Organisation tendenziell deckungsgleich behandelt werden müssen, muß das interpretationsoffene Modell des Augustinermönchs und Bibelprofessors Luther notgedrungen als Beunruhigung empfunden und unter Häresieverdacht gestellt werden.[35]

Zweitens: Zur leiblichen Präsenz. Der Verteidigung der Präsenz, die Luther anstrengt, könnte die These, daß es sich beim Einnehmen des Abendmahls um ein „geistliches Geschehen" handelt, empfindlich in die Quere kommen. Tatsächlich wird Luther nicht müde zu betonen, daß es sich beim Einnehmen der Mahlspeise um ein *geistliches* Geschehen, um ein „geistliches Essen" handelt. Geistlich, das heißt, daß es vom Geist und aus dem Geist kommt, so erklärt Luther (vgl. WA 23, 193, 19 ff.). Geistlich heißt für Luther ferner, daß das Herz berührt und verwandelt wird, womit nochmals die Performativität der Sprache und die Responsivität der Antwort unterstrichen wird: nicht die Substanzen werden verwandelt (wie im Form-Substanz-Modell), sondern es ist das Herz der Antwortenden, das verwandelt wird.[36] Geistlich heißt für Luther aber nicht, daß es sich um ein rein *geistiges* Geschehen (wie im Sinn-Bedeutungs-Modell) handelt. Denn der Geist, so die zentrale Erklärung von Luther, kann „bei uns nicht sein anders als in leiblichen Dingen" (WA 23, 193, 31 f.). Eine Trennung von Wort und Leib, Leib und Seele, Geist und Leib wird von Luther als ein klassisches Mißverständnis empfunden. Was auf dem Spiel steht, ist die „ganze Person" (vgl. StA 4, 83, 11) wie der „ganze Mensch" (vgl. WA 19,

---

35 Für die konfessionelle Differenz in dieser Frage vgl. die Eucharistie-Enzyklika: „Ecclesia de Eucharistia", veröffentlicht am 17.April 2003 (Gründonnerstag), Deutscher Text in Verlautbarungen des Apostolischen Stuhls Nr.159, Bonn 2003. – Die gegenwärtige Krise des Protestantismus in der Debatte und Kontroverse um das Abendmahlsverständnis erkennt der Beobachter daran, daß die „Responsivität des Glaubens" in den Beiträgen zu einer ökumenischen Verständigung überhaupt nicht auftaucht und statt dessen die Themen Amtsverständnis, Einheit der Kirche oder eucharistische Gastfreundschaft (Ökumenischer Kirchentag Berlin 2003) dominieren. Vgl. M. Welker: Droht eine ökumenische Eiszeit? in: FAZ 7.Mai 03; K. Berger: Protestanten, rettet die Katholiken! Vor dem Kirchentag: Plädoyer für eine Ökumene, die keine Mogelpackung ist, in: FAZ 23.Mai 03; ders.: Wer Augen hat. Blindekuh-Ökumene: Die unsichtbare Kirche gibt es nicht, in: FAZ 18.Juli 2003, S.35, ders.: Fatale Gutmütigkeiten. Die Kirche wird gedankenlos modernisiert, in: FAZ 26.Juli, 31; W. Schmidthals: Sooft wir auch essen, wir werden nicht einig. Das gemeinsame Abendmahl ist theologisch unmöglich, in: FAZ 9.August 2003, 32; M. Gerwig: Was wirklich beunruhigt. Zum Streit um die Eucharistie und Ökumene nach dem Kirchentag, in: FAZ 5.August 03, 36.

36 Zum Bedeutungsumkreis von „Herz" und Affektualität aus der Performanz der Rhetorik vgl. B. Stolt: Martin Luthers Rhetorik des Herzens, Tübingen 2000.

487, 19), christologisch wie anthropologisch. Obwohl durch das „Herz"
geistlich informiert, hat diese In-Formation wiederum eine besondere Einfassung: die Einfassung des Leibes. Leib und Seele wie Wort und Leib
sind nach Luthers Verständnis der ganzen Person „nicht zuscheyden"
(WA 23, 267, 26).

Was heißt das für die Produktion von Präsenz, die von Luther verteidigt
wird? Präsenz ist das Ereignis einer leibseelischen Erfahrung – hingegen
nicht das Ereignis einer allein „geistigen" Erleuchtung, wie es auf der lan-
gen Linie des Sinn-Bedeutungs-Modells liegt.[37] Die Responsivität, die für
Luther im Fall des Abendmahlsrituals im Spiel ist, ist situiert im Feld der
spannungsreichen Einheit von Leib und Seele und ist damit immer auch
von leiblicher Art.[38] Im Modell einer Stellvertretungspraxis im Sinne allein
geistiger Repräsentationen bleibt das Wesen und der Nutzen des Rituals in
seiner „symbiotischen" Dimension nach Luther auf nachgerade fatale
Weise verschlossen. Die gefährdete Leiblichkeit des Menschen bleibt in
diesem Modell tabuisiert. Der Nutzen der Sakramentspraxis aber liegt
nach Auskunft des „Großen Katechismus" in der Gesundung von „Leib
und Seele" wie „Seele und Leib".[39] Darin eingedacht ist, daß das, was die
Seele gesunden läßt, auch den Leib in heilsamer Weise in Mitleidenschaft
(*compassion*) zieht.

V.

Im Abendmahlsritual spricht sich das Verlangen nach Anwesenheit aus.
Abwesenheit scheint die Grunderfahrung zu heißen, die den Wunsch nach
Präsenz grundiert. Abwesenheit ist der Ursprung einer jeden Geschichte.
Drohende Abwesenheit ist es auch, die im Präsenzritual des Abendmahls

---

37 Die lange Linie wird für die Theologie maßgeblich durch die Unterscheidung von „geistiger"
und „körperlicher Präsenz" von Augustin eröffnet. Einschlägig studieren läßt sich die Unterscheidung in Augustins „Vorträgen über das Evangelium des Johannes", vgl. Vortrag 92, 1
und 106, 2 (CCL 36, 555 f. und 609).
38 Zur Vorstellung des ganzen Menschen in der Einheit der Relationen von Geist, Seele und
Leib vgl. für Luther vor allem StA 1 (Magnificat), 320, 10–321, 16.
39 Vgl. Großer Katechismus, Viertes Hauptstück, BSLK 700, 8–18 und Fünftes Hauptstück,
BSLK 721, 14–22. Die Leib-Seele-Thematik in der Konstellation der reformatorischen Theologie bleibt ausgespart in dem Sammelwerk G. Jüttemann u.a. (Hg.): Die Seele. Ihre Geschichte im Abendland, Weinheim 1991. Auch in der „Religion in Geschichte und Gegenwart" in der vierten Auflage im Artikel „Leib und Seele" Band 5, Tübingen 2002, 221–230
vermißt man Hinweise auf die Intervention Luthers in der abendländischen Problemgeschich-
te des Leib-Seele-Komplexes.

blockiert werden soll. Insofern ist der *Tod von Präsenz*, die Rückbildung von Anwesenheit und Gegenwärtigkeit in den Kontext einer enteilenden Zeit und die Willfährigkeit der Welt, eines der spezifischen Grundmotive für das scheinbar bizarre Präsenzbegehren, das den Theologen Luther in der Verteidigung der ‚Realpräsenz' der Person Jesu Christi in den Gestalten von Brot und Wein antreibt. Im Rückblick wird deutlich, daß sich der große Konsens der Abendmahlstheologie, ungeachtet der theologischen Streitfragen über ihre Bewährung im Rahmen einer philosophischen Anforderungspraxis, als eine Reaktion auf das Trauma der aufgeschobenen Parusie-Erwartungen erklären ließe.

Ist es der Tod des Anderen, der in dem Verlangen nach Präsenz, in dem Begehren nach seiner Verkörperung, ferngehalten werden soll? Ein Verlangen, das im Präsenzritual des Abendmahlsrituals selbst gleichnishaft festgehalten wird? Jedenfalls richtet sich ein jedes Präsenzbegehren auf Nähe, auf das, was vom eigenen Körper aus erreicht und berührt werden kann, und, stärker noch, was man sich selbst einverleiben kann und von dem man selbst einverleibt wird: zu „Leben und Seligkeit", wie Luther im Blick auf das heilige Geheimnis (Sakrament) der christlich-religiösen Inszenierungspraxis wiederholt hervorhebt.

Genauso, wie es verschiedene Modalitäten von Anwesenheit und Präsenz gibt, genauso gibt es verschiedene Modalitäten von Abwesenheit. Man kann Abwesenheit zum Beispiel im Sinne von Absenz thematisieren. Im Rahmen dieser Thematisierung wird die Unterscheidung von Absenz und Präsenz modellprägend. Um die Brücke von der Absenz zur Präsenz zu schlagen, ist es dann geradezu zwingend, den Modus der Präsenz als Repräsentation im Sinne einer Stellvertretung zu fassen. Vom Ort her betrachtet und auf das Abendmahl bezogen: Wenn Christus die Welt verlassen hat und sein Ort *circumscriptive* beim Vater im Himmel ist, dann zwingt diese Auffassung dazu, die Präsenz eines Nicht-Anwesenden im Sinne einer Stellvertretung zu interpretieren. Repräsentationen sind es, die die Stelle des Abwesenden vertreten.

Für Luther jedoch ist das Modell der Unterscheidung Präsenz/Absenz nicht maßgeblich. Der Grund dafür, daß Luther nicht in der Differenz Präsenz/Absenz denkt, liegt daran, daß er die Präsenz der „Gewalt" Gottes für eine jede und jeweilige Gegenwart unterstellt. Sofern sie gegenwärtig ist, kann sie sich „auch in dem geringsten Baumblatt" (WA 23, 133, 29) dokumentieren. Die Präsenz Gottes liegt, so die Unterstellung, in der Reichweite jeder Form von möglichen Wahrnehmungen. Um diese Auffassung voranzubringen, unterscheidet Luther nach klassischen Vorbildern zwischen drei Formen von Präsenz.[40]

Zum einen kann Gegenwärtigkeit *localiter* aufgefaßt werden. Die Weise der Präsenz ist in dieser Vorstellung orientiert an den Maßverhältnissen des Raumes; die Gegenwärtigkeit einer Person gibt es beispielsweise nur, wenn wir sie an einem besonderen Ort wahrnehmen oder imaginieren können. Daneben gibt es aber noch eine zweite Form der Präsenz, die zwar localiter wahrgenommen werden kann, aber in dieser Lokalisation nicht aufgeht. Luther nennt sie in der Tradition der theologischen Präsenztheorien die *definitive* Gegenwärtigkeit. Als Beispiel im „groben Gleichnis" (vgl. StA 4, 96, 6 ff.) für die definitive Gegenwärtigkeit dient ihm unter anderem der Klang. Der Klang kann zwar an einem besonderen Ort wahrgenommen werden, gleichwohl liegt sein Wesen darin, daß er sich auf diesen Ort nicht fixieren läßt. Er kann die Elemente wie Luft und Wasser oder Brett und Wand durchdringen, ist da, kommt, bleibt und geht jedoch auf eine Weise, die sich nicht an einen Ort allein binden läßt.

Von diesen beiden Formen von Präsenz unterscheidet Luther nochmals eine dritte, die sogenannte *repletive* Gegenwart. Die repletive Gegenwart füllt alle Orte und kann doch von keinem Ort der Wahrnehmung aus abgemessen werden. Lokal-personale und synästhetisch-definitive Gegenwart stehen ihrerseits nochmals im Horizont einer Gegenwärtigkeit, die weiter ist als die Maßverhältnisse jeweiliger, konkret-aktueller, aktualerzeugter oder momentan-erlebter Gegenwarten. Für etwas, was zugleich „ganz und gar an allen Orten ist und alle Orte füllt und doch von keinem Ort abgemessen und begriffen wird, nach dem Raum des Ortes, da es ist" (StA 4, 89, 28–30) , für diese „Gewalt" besitzen wir nach Luther nur einen repräsentativen Namen: Diese Weise, auf unermeßliche Weise da zu sein, ist „allein Gott" (StA 4, 89, 30) zu eigen. Und die Frage und das alte Problem drängt sich auf: Ist das, was hier für den Namen Gottes reserviert wird, das was in einer bestimmten Einstellung „über alle Maß" und „*über* unser Vernunft" ist (vgl. StA 4, 89, 32), auch *wider* alle Vernunft?

Um das, was nicht „gemessen und begriffen" werden kann, so die massiv wiederholte Formulierung von Luther, dennoch angemessen zur Sprache zu bringen, bedient sich Luther einer eigentümlichen Redeweise. Deren Bedenken würde zeigen, daß nicht alles, was über die Vernunft ist, schon wider aller Vernunft aufgefaßt werden muß. Luther wechselt immer dann, wenn sich im Rahmen der Logik Sinnwidrigkeiten einstellen – und das ist bei der Theologie nicht gerade selten der Fall –, auf die Logik der

---

40 Vgl. vor allem StA 4, 87, 18–90, 16.

Sprache. Im Fall einer *Ökonomie des Unermeßlichen*, die im Zuge der Behauptung einer repletiven Gegenwärtigkeit im Spiel ist, wechselt Luther von der Schuldialektik der Tradition auf die *Rhetorik des Paradoxen*.[41] Vornehmes Beispiel für den Stil des Paradoxen bei Luther: Gott ist draussen und weit außer den Kreaturen – zugleich mußt Du ihn tief und nahe in alle Kreatur setzen, sofern er drinnen ist (vgl. StA 4, 96, 23 – 97, 1). Das Paradox unterstellt eine Zweiheit (drinnen und draußen) und behauptet zugleich die Einheit (die Unzertrennlichkeit) des Differenten, es akzentuiert die Gleichzeitigkeit eines Verschiedenen und Widersprechenden; die Rhetorik des Paradoxen arbeitet damit, daß zweierlei muß für möglich gehalten werden, aber nur eine (sprachliche) Form zur Verfügung steht, die Einheit des Widersprechenden festzuhalten. Der Wechsel auf die Rhetorik des Paradoxen ist nicht gerade der Königsweg der Logik, nicht aber auch nur eine Armutsbewegung, bloße Verlegenheit oder Ausflucht. Die Rhetorik des Paradoxen ist das Seelenkristall der Theologie Luthers,

Luther selbst hat den *modus loquendi* der Theologie nicht unter den Titel einer Rhetorik des Paradoxen gebracht. Allerdings ist mehr als auffällig, daß er von der Stilfigur des Paradox reichlich Gebrauch macht und dies für alle „loci communes" seiner Glaubenslehre: für die Hamartiologie genauso wie für die Christologie, für die Gotteslehre genauso wie für die Soteriologie.

Vom rhetorischen Effekt her betrachtet, bewirkt die Stilfigur des Paradoxen eine Verstörung und Destabilisierung eingespielter Gemeinverständnisse. Das Paradox, daß Gott sowohl „weit draußen" (Himmel) wie zugleich „tief drinnen" (Herz) ist, verfremdet vor allem zwei geläufige Basisannahmen. Zum einen verstört das Präsenzparadox die These von der Lokalität Christi an einem anderen, letztlich unerreichbaren und unserer Erfahrung entzogenen Ort. Zum zweiten mischt das Präsenzparadox die Auffassung von der *potentia absoluta* Gottes auf. Daß die „Gewalt" Gottes außer Frage steht, wird von Luther vorausgesetzt. Ohne seine Omnipotenz wäre Gott schlicht und einfach ein höchst „lächerlicher Gott" (vgl. StA 3 [De servo arbitrio], 287, 29 f.) Daß diese Voraussetzung über die Souveränität Gottes aber impliziert, daß alle „Werk und Leiden" (vgl. StA 4, 86, 4)

---

41 Vgl. dazu H. F. Plett: Das Paradoxon als rhetorische Kategorie, in: P. Geyer / R. Hagenbüchle (Hg.): Das Paradox. Eine Herausforderung des abendländischen Denkens, Tübingen 1992, 89–104.

von Gott ferngehalten werden müßten, um seine Souveränität zu sichern, wird hingegen energisch bestritten (vgl. StA 4, 85, 12 – 86, 12).[42]

Wer die Stilfigur des Paradoxen bemüht, obwohl entworfen in argumentativer Absicht, zieht Argumentationsnöte auf sich, sofern die Explikationsprobleme im Rahmen klassischer Dialektik und Schulphilosophie behandelt werden. Von hier aus verstehe ich Luthers Forderungen nach einer *anderen Dialektik*, einer Dialektik, wie sie für das Wissensgebiet des Glaubens und der Theologie angemessen sein könne.[43] In dieser anderen und nie geschriebenen Dialektik, so meine Vermutung, würde die Stilfigur des Paradoxen eine durchaus prominente Stelle einnehmen.[44] Der theologisch durch und durch nontriviale Grund für den Einsatz der Stilfigur des Paradoxen liegt meines Erachtens darin, daß ohne dieses Stilmittel die „Gewalt Gottes", auf die Luther soviel Wert legt, interpretiert werden müßte im Sinne seiner unmittelbaren und widerspruchslosen Selbstdurchsetzung. Es wäre der widerspruchslos-selbstmächtige Gott, auf den im Abendmahl zeichenhaft verwiesen würde. Wenn aber das, was ohne Maß, „über alle Maß" (WA 23, 136, 2) und in seiner Maßlosigkeit im Sinne

---

42 Zu den inkarnationstheologischen Konsequenzen für den Gottesbegriff vgl. R. Schwarz: Gott ist Mensch. Zur Lehre von der Person Christi bei den Ockhamisten und bei Luther, in: ZThK 63 (1966), 289–351.

43 Zur Forderung nach einer „anderen Dialektik" vgl. „Die Disputation de sententia: Verbum caro factum est" (1539) These 27: „Eundum ergo est ad aliam dialecticam et philosophicam in articulis fidei, quae vocatur verbum Dei et fides" (WA 39/II, 5, 9 f; Dt.: „Bei Glaubenswahrheiten muß man sich darum zu einer anderen Dialektik und Philosophie wenden: welches das Wort Gottes und der Glaube ist") und These 40: „Rectius ergo fecerimus, si dialectica seu philosophia in sua sphaera relictis discamus loqui novis linguis in regno fidei extra omnem sphaeram" (WA 39/II, 35 f; Dt.: „Wir würden daher viel richtiger handeln, wenn wir die Dialektik und Philosophie in ihrer Sphäre ließen und im Reiche des Glaubens außerhalb einer jeden Sphäre lernten, in neuen Zungen zu reden."). Eine Unterstützung erfährt die Forderung nach einer anderen Dialektik durch die These 20 der „Disputation de divinitate et humanitate Christi. 1540": „Certum est tamen, omnia vocabula in Christo novam significationem accipere in eadem re significata" (WA 29/II, 94, 17 f; Dt.: „Doch ist es gewiß, daß alle Ausdrücke, auf Christus angewandt, eine neue Bedeutung erhalten, als sie sonst in der nämlichen Sache haben."). – In der „anderen Dialektik" würde die Dialektik unter die Führung der Rhetorik geraten, ohne daß diese den Status jener einnehmen würde. Rhetorik würde nur so tun, „als ob" sie diesen Status ersetzen könnte, sonst wäre sie nicht Rhetorik, sondern eine neue „Logik".

44 Da Luther keine Lehrbücher verfaßt hatte, geriet die enge Korrespondenz zwischen Rhetorik und Dialektik in der Folge aus den Augen und führte insbesondere durch die Schuldialektik Melanchthons (vgl. ders.: Erotema dialectices [1542] CR 13) wieder zurück auf die Bahnen der Auseinandersetzungen der aristotelisch informierten Form-Substanz-Kontroversen. Vgl. dazu: W. Sparn: Wiederkehr der Metaphysik. Die ontologische Frage in der lutherischen Theologie des 17. Jahrhunderts, Stuttgart 1976; R. Schröder: Johann Gerhards lutherische Christologie und die aristotelische Metaphysik, Tübingen 1983.

einer Ökonomie des Unermeßlichen theo-logisch angemessen zur Sprache gebracht werden will, wird es unabdingbar, diese Maßlosigkeit zugleich in den Maßen der Welt aussagbar zu halten. Eben dies ist aber mit den Möglichkeiten der klassischen Logik und Dialektik nicht möglich. Aufgrund dieses Sachproblems – als Streit um die Angemessenheit der Rede von Gott – tauchen die paradox gehaltenen Aussagen Luthers nicht unzufällig in den Kernzonen der dogmatischen „loci communis" oder den, wie Luther sagt, „Artikel[n] unseres Glaubens" (WA 23, 136, 1) auf.

Man darf sich über den Stellenwert der Unterscheidung verschiedener Einfassungsweisen (klassische Dialektik oder Rhetorik des Paradoxen) nicht täuschen. Sage ich, die Elemente Brot und Wein sind „Zeichen" („figura" als „signum" im Sinne von Deutezeichen), die auf Gott hinweisen, dann besteht nur eine begrenzte Möglichkeit, auf die These von der Souveränität Gottes im Sinne seiner selbsttätig-selbstmächtigen „Gewalt" theologisch Druck auszuüben. Sage ich aber, die Elemente Brot und Wein sind nicht nur Zeichen, sondern die „Gestalt" („figura" als Form und Gestalt, die man „sehen, fühlen, handeln" [WA 23, 218, 25] kann), dann begegnet auch die Rede von der Souveränität Gottes in einer ganz anderen Version.[45] Sie verbleibt nun nicht mehr im Interpretationsrahmen der Selbstmächtigkeit Gottes (potentia absoluta), sondern erfährt eine *Inversion* zugunsten der Selbstbindung Gottes (potentia ordinata) in der Welthaftigkeit seines eigenen Wesens.[46] Diese Inversion, die das asymmetrische Verhältnis von Freiheit und Selbstbindung keinesfalls auflöst, sondern unter der Perspektive der Selbstbindung interpretiert, ist theologisch aber nur aussagbar zu halten, wenn die Logik der Dialektik geöffnet wird für die Rhetorik des Paradoxen: Daß Gott sei nicht beschlossen von den Enden der Welt und *zugleich* sei wesentlich gegenwärtig an allen Enden in und durch

---

45 Zur Kontroverse um den Begriff „figura" (Zeichen versus Gestalt) vgl. nur StA 4, 135, 1–14 und WA 23, 209, 28–211, 21.

46 „Inversion" auch deswegen, weil das Wirkungspotential des Paradoxons in einer „argumentativen und einer stilistischen Inversionsrhetorik" (Plett, a. a. O. [siehe oben Anm.41] 101) fundiert ist. Vgl. M. Luther selbst: „Haec Dei potentia ordinata est, non secreta, non enim vult Deus gubernare nos secundum voluntatem secretam: sed regulatam et patefactam verbo." (WA 43, 82, 19–21; Dt.: „Solches ist Gottes geordnete und nicht geheime Kraft und Gewalt; denn Gott will uns nicht regieren nach dem geheimen Rat und Willen, sondern nach dem ordentlichen und in seinem Wort geoffenbarten Willen."); „Manet igitur regula [....], quod Deus non amplius vult agere secundum extraordinarium, seu, ut Sophistae loquintur, absolutam potestam: sed per creaturas suas." (WA 43, 71, 6–9; Dt.: „Daß also die Regel bleibt, daß Gott nicht mehr handeln will ohne Mittel, oder außerhalb der Ordnungen und, wie die Sophisten reden, nach seiner bloßen Gewalt und Allmacht, sondern durch seine Kreaturen.").

alle Kreatur" (vgl. WA 23, 135, 35–136, 2).[47] Die Kultur der Repräsentation sieht im *Sacramentum* ein Zeichen, das die Stelle eines „abwesenden oder zukünftigen Dinges" (WA 23, 210, 6), vertritt, wie Luther
notiert. Die Kultur der Präsenz hingegen, wenn ich Luther richtig verstehe, beharrt auf einer Ereignishaftigkeit, die in ihrer Zeichenhaftig-
keit im Sinne bloßer Repräsentation nicht aufgeht, sondern responsive
Effekte zeitigt, die weder darüber entschlüsselt werden müssen, was sie
bedeuten oder woraufhin sie zeigen, noch ontologisch fixiert werden
können.[48]

VI.

Das Ritual des Abendmahls umwirbt das Geheimnis der Gegenwart Gottes. In der Zusammenfassung der Erörterungen zur Marburger Unterscheidung läßt sich festhalten: Das Denkmodell, mit dem Luther das Geheimnis
der Präsenz Gottes im Ritual des Abendmahls verteidigt, wird durch vier
miteinander verstrebte Elemente bestimmt. Zum ersten begreift Luther die
Einsetzungsworte Jesu in ihrem *performativen* Charakter. Die Worte
schaffen das, was sie lauten, und sind damit mehr als nur Deuteworte, die
Elemente Brot und Wein mehr als nur bloße Hinweiszeichen. Dabei sind
die Einsetzungsworte zweitens nicht im Sinne einer Zerteilung, sondern
einer wirklichkeitsverdichtenden und wirklichkeitsverneuenden Funktion

---

47 F. Wagner hat diesen Punkt im Blick, wenn er den Untergang des Selbstmächtigkeit Gottes
    als Anfangspunkt des Christentums bestimmt. Freilich bewegt er sich im Bannkreis eines Di-
    alektikverständnisses, das von Hegel her entworfen ist, nicht aber von einem Dialektikver-
    ständnis, das von der Inversionsrhetorik Luthers her gedacht wird (vgl. ders.: Die christliche
    Revolutionierung des Gottesgedankens als Ende und Aufhebung menschlicher Opfer, in:
    R. Schenk (Hg.): Zur Theorie des Opfers. Ein interdisziplinäres Gespräch, Stuttgart-Bad Can-
    statt 1995, 250–278). Die Bedeutung der Inversionsrhetorik für eine mögliche Dialektik ist
    noch unausgemessen.
48 Die semotiktheoretisch angeleiteten Überlegungen von H. Deuser zu einer Theorie der Rep-
    räsentation (vgl.ders.: Inkarnation und Repräsentation. Wie Gott und Mensch zusammenge-
    hören, in: Theologische Literurzeitung 124 (1998), 355–370 und ders.: Semiotik und Sakra-
    ment, in: ders.: Gott: Geist und Natur. Theologische Konsequenzen aus Ch. S. Peir-
    ce'Religionsphilosophie, Berlin/New York 1993, 174–198) sichern auf überlegte Weise den
    „Realismus" in den zeichenhaften Repräsentationsbezügen; die kategoriale Differenz zwi-
    schen Präsenz und Repräsentation wird allerdings als „vorsemiotisch" zurückgewiesen. Ver-
    körperung von Präsenz kommt mit dieser Theorieentscheidung nur unzureichend in den
    Blick. Zur Umformatierung des Problems aus der Perspektive der philosophischen Ästhetik
    vgl. D. Mersch: Ereignis und Aura. Untersuchungen zu einer Ästhetik des Performativen,
    Frankfurt am Main 2002.

zu verstehen. Das Denkmittel, mit dem diese Auffassung gesichert wird, besteht in einer Inanspruchnahme der *Rhetorik der Synekdoche* und der *Rhetorik der Metapher.* Zum dritten ist es unter der Voraussetzung des performativen und rhetorischen Verständnisses der Einsetzungsworte geradezu zwingend, die Dimension des Antwortens, die *leibseelische Responsivität,* in die Konstitutionsmerkmale des rituellen Präsenzgeschehens Sakrament aufzunehmen. Die Freiheit und Unermeßlichkeit Gottes am Ort seiner Präsenz wird dabei viertens unter inkarnationstheologischen Gesichtspunkten in der *Redeform des Paradoxen* geschützt. Andersherum: Die Redeform des Paradoxen als Kategorie der Unschärfe sichert die Denkmöglichkeit der Unermeßlichkeit Gottes am Ort ihrer fühlbaren und gestalthaften Präsenz.

Im Rahmen dieses Denkmodells läßt sich festhalten: Im Abendmahl kommt die Unermeßlichkeit Gottes zur erfahrbaren Präsenz, ohne – und das ist die präsenztheologische Pointe – ihren unermeßlichen Charakter zu verlieren. Unermeßlichkeit dokumentiert sich *in* dieser Präsenz und bildet vermutlich auch die Voraussetzung für diese Präsenz. Damit aber wird im Vollzug des Rituals das Sacramentum des Abendmahls zum exemplarischen *Ort des Lebens.* An diesem Ort werden das Leben und die Begehrensstrukturen des Präsenzverlangens in die Reichweite einer weder nur spirituell (geistig) noch nur stellvertretend (repräsentativ) zu interpretierenden Erfahrung gerückt, die über die Funktion der „Selbsterhaltung" sowie die Ambivalenz zwischen Selbsterhaltung und Fremdbegehren hinausreicht und diese transzendiert. Das Leben, das im Vollzug des Abendmahls zur Präsenz kommt, kann insofern theologisch gedeutet werden als ein Leben, das gehalten wird in der Fülle Gottes. Die Gegenwärtigkeit, die hier zur Erscheinung kommt, besteht nach Luther in nichts anderem als der Einheit von „Geist, Gnade und Leben". Vielleicht ist schon jedes zusprechende Wort eine Art von Menschwerdung. Auch ein Wort zu sein, in der Lücke eines Schweigens, hat Leben, denn das Resonanzlose geht klanglos zum Nichts hinab. Im Sakrament des Abendmahls bekommt das Wort eine sichtbare wie fühlbare Gestalt. Präsenz ist hier die Konvergenz aus Wortereignis („unter fremder Gestalt") und verkörperter Form („ins Wort gefaßt").[49]

---

49 „Unter fremder Gestalt (StA 4, 222, 16) – „Ins Wort gefaßt" (StA 4, 222, 19) ist eine typische Formulierung von Luther für die Präsenz als Konvergenz aus Ereignis, Form und Wort. Zur Konvergenz aus Ereignis und Form im Sinne einer Materialität von Präsenz, allerdings entworfen am Transsubstantiationsmodell, gl. H. U. Gumbrecht: Die Schönheit des Mannschaftssports: American Football – Im Stadion und im Fernsehen, in: Medien-Welten-Wirklichkeiten. Hg.von G. Vattimo und W. Welsch, München 1998, 213 (201–228). – Fort-

Alles in allem, so notiert Luther im theologiepolitischen Zwischenspiel der Marburger Unterscheidung, ein höchst wunderliches Schauspiel.

---

zusetzen: Daß Religion in der Version ihrer neuzeitlich-protestantischen Verfaßtheit im Kontakt zwischen Aufklärung und Religionsphilosophie eine Intensivierungsform der Selbstreflexion menschlicher Sinndeutung in die Welt gesetzt hat, bleibt unbestreitbar. Daß sich aber im Zuge dieser These der Präsenzcharakter von Religion gänzlich auf das Kunsterleben verschoben habe, ist ein Legende von Säkularisierungsgläubigen. Die Interdependenzen zwischen Religion und ästhetischer Erfahrung kommen eben nicht nur im Kino, zwischen Chips und Coca Cola, sondern auch im rituell abgesicherten und eingestifteten (Gedächtnis) Bezug von Brot und Wein zum Tragen. In dem Einsatz von Rhetorizität, Performativität und Responsivität zur Verteidigung eines Präsenzgeschehens namens „Abendmahl" begegnet uns ein anderer Luther als der der neuprotestantischen Gewissensreligion.

Reinhard Brandt

Ob die Worte „Das ist mein Leib" wohl feste stahn?

Abendmahlsliturgie und Verständnis des Abendmahls heute

Auf historische und systematische Überlegungen soll eine praktisch-theologische Musterung folgen: Wird die Abendmahlsliturgie heute weiterhin von der Theologie Luthers bestimmt? Prägt die Einsicht, daß Christus sich im Mahl selbst vergegenwärtigt, auch die Praxis? Wird in der Art, wie wir das Heilige Abendmahl heute feiern, deutlich, daß in, mit und unter den Gaben wirklich Leib und Blut Christi gereicht werden?

Indes: Die Grenzen zwischen systematischer Einsicht und einer Musterung der Praxis sind fließend. Deshalb ist systematisch mit einer Standortbestimmung zu beginnen, mit der Offenlegung der eigenen Perspektive: Ich spreche als lutherischer Theologe und ich handle (teils im Vergleich mit der reformierten Liturgie) von der liturgischen Praxis und dem Verständnis des Abendmahls in den lutherischen Kirchen; also von der Praxis in den Kirchen, die mindestens Luthers Katechismen und die Confessio Augustana als Bekenntnisschrift haben.[1]

Schon damit sind im Blick auf die heutige Praxis und die theologische Diskussion zwei Abgrenzungsfragen gestellt, die im ersten und zweiten Teil anzusprechen sind, während der dritte Teil bei einem insgesamt positiven Befund auf einige fragwürdige Wendungen in der liturgischen Praxis aufmerksam machen soll, die sich unter der Hand eingeschlichen haben.

Zuerst aber ist in Rechnung zu stellen, daß es in Deutschland unter den evangelischen Kirchen neben solchen lutherischen Bekenntnisses auch reformierte und unierte Kirchen gibt.

---

1 Nicht nachgegangen werden kann hier den Verschiebungen in Art. X in der lateinischen und der deutschen Fassung sowie zwischen der CA invariata von 1530, die für die meisten Kirchen die Bekenntnisgrundlage bildet, und den zurückgenommenen Aussagen der CA variata von 1540. Texte u. a. nach: Evangelische Bekenntnisse. Bekenntnisschriften der Reformation und neuer Theologische Erklärungen. Im Auftrag des Rates der Evangelischen Kirche der Union hg. von Rudolf Mau u. a. Teilbd. 1. Bielefeld, 1997. Z. St., 42.

I. Das lutherische Verständnis des Abendmahls und die Leuenberger Konkordie

Neben den lutherischen gibt es zwei deutlich reformiert geprägte Landeskirchen in Deutschland: die nordwestdeutsche reformierte Kirche (mit Gemeinden auch in Süddeutschland) und die Landeskirche von Lippe-Detmold (mit einer lutherischen Klasse), in denen ein reformiertes Verständnis des Abendmahls leitend ist.

Doch auch hier ist der Sachverhalt komplex, gerade im Blick auf den liturgischen Ausdruck. Kennzeichnet man das Abendmahl *nur* als Gedächtnismahl und als Akt des Bekenntnisses der Gemeinde, reduziert man die Einsetzungsworte gänzlich auf ein „significat" („das bedeutet mein Leib"), so greift man auch nach reformiertem Verständnis zu kurz. Vielmehr wird auch dort die *Gewißheit* des Heils und des Heilsempfangs an das leibliche Essen und Trinken gebunden; so der Heidelberger Katechismus von 1563:

> Christus hat verheißen, „daß sein Leib so gewiß für mich am Kreuz geopfert und gebrochen und sein Blut für mich vergossen sei, so gewiß ich mit Augen sehe, daß das Brot des Herrn mir gebrochen und der Kelch mir mitgeteilt wird". Und Christus hat verheißen, „daß er selbst meine Seele mit seinem gekreuzigten Leib und vergossenen Blut so gewiß zum ewigen Leben speise und tränke, wie ich aus der Hand des Dieners empfange und leiblich genieße das Brot und den Kelch des Herrn".[2]

Das ist nicht das lutherische Verständnis, nach dem Christus selbst nach seiner göttlichen wie menschlichen Natur[3] in Brot und Wein sich vergegenwärtigt und leiblich präsent ist, nach dem diese Gaben Leib und Blut Christi sind und als solche empfangen werden[4] – aber das Abendmahl ist auch nach reformiertem Verständnis mehr als nur ein Gedächtnismahl.[5]

---

2 HeidKat, zu Frage 75. U. a. in: Evangelische Bekenntnisse (s. Anm. 1), Teilbd. 2. Bielefeld 1997. Z. St. 159.

3 Vgl. dagegen das sog. Extra-Calvinisticum in HeidKat, zu Frage 47, ebd., 151: „Christus ist wahrer Mensch und wahrer Gott. Nach seiner menschlichen Natur ist er jetzt nicht auf Erden; aber nach seiner Gottheit, Majestät, Gnade und Geist weicht er nimmer von uns." Ferner dazu ebd., 152 zu Frage 48.

4 Vgl. dagegen HeidKat, Frage 78, ebd., 161: „Wird denn aus Brot und Wein der wesentliche Leib und Blut Christi? Nein; ... so wird auch das heilige Brot im Abendmahl nicht der Leib Christi selbst, wiewohl es nach Art und Gebrauch der Sakramente der Leib Christi genannt wird."

5 Vgl. HeidKat, Frage 79, ebd.: „Warum nennt denn Christus das Brot seinen Leib und den Kelch sein Blut oder das neue Testament in seinem Blut ...?" Christus will uns damit erstens lehren, „daß, gleichwie Brot und Wein das zeitliche Leben erhalten, so sei auch sein gekreuzigter Leib und vergossenes Blut die wahre Speise und Trank unserer Seelen zum ewigen Leben". Zweitens will Christus uns durch das sichtbare Zeichen versichern, „daß wir so wahr-

Entsprechend wird in der vom reformierten Moderamen herausgegebenen Liturgie sowohl vom Gedächtnis gesprochen als auch von der Speisung des Herzens „mit seinem wahren Leib und Blut":

„Barmherziger Gott und Vater, in diesem Abendmahl begehen wir *das herrliche Gedächtnis* des bittern Todes deines lieben Sohnes Jesus Christus. Darum bitten wir dich: Wirke durch deinen Heiligen Geist in unserm Herzen ... Speise und erquicke unsre mühseligen und zerschlagenen Herzen durch die Kraft des Heiligen Geistes mit *seinem wahren Leib und Blut*, mit *ihm selbst*, dem *wahren Gott und Menschen*, dem einigen Himmelsbrot."[6]

Neben den lutherischen und den reformierten Kirchen gibt es in Deutschland *Unionskirchen*, alle im 19. Jh. gebildet, mit ganz unterschiedlichen Verfassungen. Die Berlin-Brandenburgische Kirche in der altpreußischen Union ist z. B. eine lutherische Kirche, zu der einige reformierte Gemeinden gehören. Noch komplexer ist es bei den bekenntnisunierten Kirchen, etwa der badischen Kirche.

Darauf ist hier nicht systematisch einzugehen; als Beispiel für die theologischen Unterschiede indes eine Begebenheit, fast eine Anekdote, aber glaubhaft bezeugt, vor ca. 10 Jahren: In der Universitätskirche in Heidelberg wurde damals das Abendmahl so gefeiert, daß die Gaben gereicht wurden mit den Worten „Christi Leib, für dich gegeben" – „Christi Blut, für dich vergossen". Als dies seinerzeit Bischof Engelhardt berichtet wurde, antwortete dieser, daß er davon besser nichts wisse, da es der badischen Unionsurkunde widerspreche. – Mit dieser Entgegnung hatte Bischof Engelhardt recht;[7] zugleich ist aber auch deutlich, daß die

---

haftig seines wahren Leibes und Blutes durch Wirkung des Heiligen Geistes teilhaftig werden, wie wir diese heiligen Wahrzeichen mit dem leiblichen Mund zu seinem Gedächtnis empfangen".

6   Kirchenbuch. Gebete und Ordnungen für die unter dem Wort Gottes versammelte Gemeinde. Im Auftrag des Moderamens des reformierten Bundes neu bearb. u. hg. von K. Halaski u. a. 3., völlig neu bearb. Aufl., Neukirchen-Vluyn 1983, 158 (Hervorh. R. B.). Ebd., 159, auch die Worte bei der Austeilung, in der Brechung durch die Erinnerung an die Einsetzung durch Christus selbst: „Nehmt, eßt, spricht unser Herr Jesus Christus, das ist (sic!) mein Leib, der für euch gebrochen wird; solches tut zu meinem Gedächtnis." Oder: „Christi Leib, für euch gegeben." – Anders z. B. in: Liturgie. Hg. im Auftrag der Liturgiekonferenz der Evangelisch-Reformierten Kirchen in der deutschsprachigen Schweiz. Bd. 3. Abendmahl. Bern 1983. Ebd. z. B. 65, die Worte zur Austeilung: „Das Brot, das wir brechen, ist Gemeinschaft mit dem Leibe Christi. Nehmet und esset vom Brot des Lebens." „Der Kelch der Danksagung ist Gemeinschaft mit dem Blute Christi. Nehmet und trinket vom Kelch des Heils."

7   Vgl. in der badischen Unionsurkunde von 1821 § 5 zur Lehre mit Frage 1 (zum Sakrament als Zeichen) und Frage 5 (die sichtbaren Zeichen beim Abendmahl sind „Brot und Wein, welche auch in dem Genusse desselben Brot und Wein bleiben"), aber auch § 6 zu Kirchenordnung und Liturgie mit der Festlegung der Spendeformel in Ziff. 2 (Lk. 22,19 f. historisierend als Zitat statt als Sprachhandlung: „Christus spricht: Nehmt hin ..."). In: Grundordnung der Evangelischen Landeskirche in Baden. Hg. vom Evangelischen Oberkirchenrat Karlsruhe. Karlsruhe 2001, 5. – Vgl. jetzt aber den Beschluß der badischen Landessynode vom 25.

Unterschiede zwischen den evangelischen Kirchen nicht einfach übergangen werden können.[8]

Schließlich ist in Rechnung zu stellen, daß alle diese Kirchen mit der *Leuenberger Konkordie* von 1973 untereinander Kirchengemeinschaft erklärt haben, vor allem als Kanzel- und Abendmahlsgemeinschaft.[9] Dies haben die Kirchen getan, indem sie ausdrücklich ihre „Bindung an die sie verpflichtenden Bekenntnisse" und die „Berücksichtigung ihrer Traditionen" festgehalten haben (LK 30).

Keine Kirche hat, indem sie der Leuenberger Konkordie zustimmt, ihre Lehrordnung aufgegeben, auch nicht ihre Lehre vom Abendmahl. Gleichwohl erklären diese Kirchen Abendmahlsgemeinschaft, und zwar deshalb, weil sie jenseits der Lehrfragen ein gemeinsames Verständnis des Evangeliums unter sich feststellen[10] – dabei „Lehre" verstanden als menschliche Bemühung um die angemessene Antwort auf das Wort Gottes, „Evangelium" dagegen im Sinne der selbstschließenden Kraft des Wortes Gottes.[11]

Im Abschnitt über das gemeinsame Verständnis des Evangeliums heißt es über das Abendmahl:

„Im Abendmahl schenkt sich der auferstandene Jesus Christus in seinem für alle dahingegebenen Leib und Blut durch sein verheißendes Wort mit Brot und Wein. Er gewährt uns dadurch Vergebung der Sünden und befreit uns zu einem neuen Leben aus Glauben. Er läßt

---

April 1995 (ebd. S. 9), mit dem auch die Spendeformel „Christi Leib, für dich gegeben. Christi Blut, für dich vergossen." zugelassen wird.

8   Wenn z. B. auf der Homepage der EKD u. a. einige der Bekenntnisschriften abgedruckt werden, so ist dies verdienstvoll; wenn indes dort im Auszug aus dem Heidelberger Katechismus Fragen 47 f. und 76–80 weggelassen werden, so läßt sich die Absicht dieser Auslassungen nicht verkennen. Ein solcher Versuch, eine gemeinsame Lehrgrundlage (in) der EKD zu konstruieren, wird indes weder der kirchlichen Lehre noch der Differenziertheit der liturgischen Praxis gerecht!

9   Wilhelm Hüffmeier ... (Hg.): Konkordie reformatorischer Kirchen in Europa (Leuenberger Konkordie). Frankfurt/Main 1993. Z. St. LK 33.

10   LK 1; 6 ff; 29; 31.

11   Gelegentlich wird bestritten, daß diese Rekonstruktion der Unterscheidung zwischen einem „gemeinsamen Verständnis des Evangeliums" und „Lehre" authentisch und sachgerecht sei. Allerdings darf nicht abgeblendet werden, daß es einen sozusagen amtlichen Kommentar gibt, in dem eben diese Unterscheidung leitend ist. Dieser Erläuterung zu dem im reformatorischen Kirchenverständnis enthaltenen Einheitsverständnis, nämlich dem der Leuenberger Konkordie, wurde 1994 bei der 4. Leuenberger Vollversammlung in Wien von den Vertretern der seinerzeitigen Signatarkirchen durch einstimmigen Beschluß (bei einer Enthaltung) zugestimmt. Wilhelm Hüffmeier ... (Hg.): Die Kirche Jesu Christi. Der reformatorische Beitrag zum ökumenischen Dialog über die kirchliche Einheit (= Leuenberger Texte 1). Frankfurt/Main 1995, z. St. 55–63.

uns neu erfahren, daß wir Glieder an seinem Leibe sind. Er stärkt uns zum Dienst an den Menschen." (LK 15)

Im Blick auf die Lehrverurteilungen der Reformationszeit, also auf die menschliche Lehre, werden vom gemeinsamen Verständnis des Evangeliums her folgende Übereinstimmungen festgestellt:

„Im Abendmahl schenkt sich der auferstandene Jesus Christus in seinem für alle dahingegebenen Leib und Blut durch sein verheißendes Wort mit Brot und Wein. So gibt er sich selbst vorbehaltlos allen, die Brot und Wein empfangen; der Glaube empfängt das Mahl zum Heil, der Unglaube zum Gericht.

Die Gemeinschaft mit Jesus Christus in seinem Leib und Blut können wir nicht vom Akt des Essens und Trinkens trennen. Ein Interesse an der Art der Gegenwart Christi im Abendmahl, das von dieser Handlung absieht, läuft Gefahr, den Sinn des Abendmahls zu verdunkeln.

Wo solche Übereinstimmung zwischen Kirchen besteht, betreffen die Verwerfungen der reformatorischen Bekenntnisse nicht den Stand der Lehre dieser Kirchen."[12]

Eine genaue Analyse dieser Ziffern, sozusagen ein fortlaufender Kommentar zur Leuenberger Konkordie, steht bisher aus.[13] Der Text ist jedenfalls so zu lesen, daß gemeinsam die personale Gegenwart Christi in der Feier des Mahls – und zwar durch den Empfang der Gaben – festgehalten wird. Dies ist die gemeinsame Überzeugung, wie sie sich aus dem Wort Gottes erschlossen hat, während demgegenüber die Fragen der Zuordnung der göttlichen und der menschlichen Natur Christi zu dieser Person und ihrer Gegenwart in den Elementen zwar unabdingbar notwendig, aber menschliche Lehre sind.

Weil man wissen kann, daß – ausweislich der Leuenberger Konkordie nach ihrem eigenen Abendmahlsverständnis! – in der Mahlfeier etwa der reformierten Kirche in Schottland Christus personal gegenwärtig ist, deshalb kann man auch als lutherischer Christ mit gutem Gewissen dort am Abendmahl teilnehmen.

---

12 LK 18 – 20.
13 Das Beratungsergebnis von 1994 „Zur Lehre und Praxis des Abendmahls" behandelt eher praktische Fragen, liefert aber nicht den – etwa gegenüber den Einwänden von Tuomo Mannerma – notwendigen systematischen Kommentar. In: W. Hüffmeier ... (Hg.): Sakramente, Amt, Ordination (= Leuenberger Texte. 2). Frankfurt/Main 1995, 47–65.

Exkurs: Anamnese und Brötchen essen

Wie komplex die Verhältnisse sind und wie wenig sie auch bei den ökumenischen Partnern bis in höchste kirchliche Kreise begriffen werden, das zeigt ein im Jahr 2003 aktuelles Beispiel:

Am Ökumenischen Kirchentag 2003 in Berlin nahm der römisch-katholische Pfarrer Knoll an einer evangelischen Abendmahlsfeier teil. Er wurde daraufhin von seinem Diözesanbischof, Bischof Mixa in Eichstätt, vom Dienst beurlaubt. Systemimmanent ist diese Entscheidung des Bischofs sicher konsequent, wenn sie auch (aus evangelischer Perspektive geurteilt) von falschen Voraussetzungen der Lehre wie der Lehrordnung ausgeht; doch das wäre ein eigenes Thema.

Kurz darauf in einer Predigt am Pfingstsonntag 2003 spricht Bischof Mixa über den Kirchentag, versucht, das römisch-katholische Verständnis von der Wandlung durch den geweihten Priester zu entfalten, und meint in diesem Zusammenhang: „Es geht ja auch nicht darum, daß wir zum Zeichen der Verbundenheit ‚irgendwelche Brötchen' miteinander essen oder ‚Kekse', sondern hier geschieht wirklich in den Wandlungsworten Anamnese, das heißt genauso wie im Paschamahl der Juden Vergegenwärtigung."[14]

Nimmt man Bischof Mixa beim Wort und versteht die Wandlungsworte „wirklich" als Anamnese, und zwar („genauso"!) in *dem* Sinn, wie im Paschamahl der Juden des Heilsgeschehens gedacht und dieses vergegenwärtigt wird, dann allerdings hat man sich einer Auffassung angenähert, die noch deutlich jenseits der zwinglianischen zu positionieren wäre. Daß dies mit den „Wandlungsworten" in unmittelbaren Zusammenhang („das heißt"!) gebracht wird, ist eine durchaus überraschende Wendung im römisch-katholischen Verständnis der Wandlung – wie die römische Glaubenskongregation darauf reagieren wird, muß dahingestellt bleiben.

Öffentliche Aufmerksamkeit fand indes vor allem der Vergleich mit dem „Brötchen essen". Nach zahlreichen Interventionen, u. a. seitens des evangelischen Landesbischofs in Bayern, wurde in einer Presseerklärung des Ordinariats festgestellt: Gemeint sei nicht die evangelische Kirche, sondern Bischof Mixa habe vielmehr betont, daß die Eucharistie „kein beliebiges Handeln wie ‚Brötchenessen' sei"[15] – was indes niemand behauptet hatte, auch auf dem ökumenischen Kirchentag nicht.

---

14 Ms. Manuskript, persönlich übersandt mit Schreiben vom 24.06.2003, 6.
15 Pressedienst der Diözese Eichstätt, Nr. 262 vom 13.06.2003.

Des weiteren führt Bischof Mixa in seiner Predigt aus, daß es „keine
Wandlung in unserem Sinn nach dem evangelischen Abendmahlsverständnis (sc. gibt). Es ist eher im Sinn einer Erinnerung."[16]
    Daß letzteres zunächst für die lutherischen Kirchen völliger Unsinn ist,
darauf wurde der Bischof vielfach in Leserbriefen hingewiesen. Immerhin
macht er selbst in seiner Predigt zu den Unterschieden zwischen den reformatorischen Kirchen eine (indes deutlich verunglückte) Bemerkung.[17]
Daß jedoch auch bei der Mahlfeier in den reformierten und unierten Kirchen bis in die liturgische Praxis hinein über die Gegenwart Christi weit
differenzierter gedacht wird als es mit dem Stichwort „Erinnerung" ange-
zeigt ist, dies gehört offensichtlich nicht zum Wissenskanon eines hoch-
rangigen Vertreters der römisch-katholischen Kirche.

Um Abgrenzung in einer bestimmten ökumenischen Diskussionslage geht
es auch in einem zweiten Teil der Überlegungen:

II. Zuspruch statt eucharistisches Hochgebet

Seit einigen Jahren beschäftigt ein theologischer Streit die Liturgiewissenschaft und die Kirchengeschichte. In Deutschland standen die Auseinandersetzungen im Zusammenhang mit dem sog. *Vorentwurf zur Erneuerten
Agende* (VEA) aus dem Jahr 1990; Auswirkungen haben die liturgiewissenschaftlichen Bewertungen aber auch in anderen Ländern und Konfessionen. Wenigstens ein kurzer Hinweis darauf darf nicht fehlen, weil es
dabei um die liturgische Gestalt und das Verständnis unserer Abendmahls-
feiern geht.
    In der Alten Kirche hatten die Einsetzungsworte zunächst ihren Ort in
der katechetischen Unterweisung; in der Mahlfeier selbst lassen sie sich
bis ins 3. Jh. nicht nachweisen. Der Gottesdienst hatte sein Zentrum in der
kultischen Vergegenwärtigung der Geschichte Jesu und seines Kreuzesop-

---

16 Ms. Manuskript (s. Anm. 14), 7.
17 Ebd.: „Dabei kommen die Lutheraner uns in der Weise noch am Nächsten, daß sie sagen: ‚Ja,
    beim Empfang dieses Brotes und Weines, aber subjektiv bestimmt.'" – Daß nach lutheri-
    schem Verständnis nicht nur Brot und Wein, sondern in, mit und unter diesen Gaben Leib
    und Blut Christi empfangen werden, daß Luther ferner allen Wert auf die Objektivität des
    empfangenen Heils (und um dieser Objektivität willen auch auf die manducatio indignorum)
    gelegt hat, und zwar gerade dann, wenn er die Handlung als opus operans bestimmt, das ist
    bei Bischof Mixa offensichtlich nicht im Blick.

fers im Dankhandeln der Kirche. In diesem wurde die Selbstdarbringung Christi gegenüber dem Vater immer wieder aktualisiert.

Im 4. Jahrhundert wurden dann – quer durch alle Regionen der Christenheit – die Einsetzungsworte Teil der Abendmahlsliturgie. Seit dieser Zeit (zu nennen sind besonders Ambrosius und Chrysostomus) bekamen sie auch eine „konsekratorische Funktion" – in dem ganz weiten Sinn, Leib und Blut Christi in Verbindung mit Brot und Wein sakramental zu vergegenwärtigen. Dies waren die ersten Ansätze für die spätere Lehre von der Realpräsenz von Leib und Blut Christi, während man vorher eher von einer Aktualpräsenz des Kreuzesopfers sprechen könnte.

Insoweit ist der Sachverhalt unstrittig. Strittig ist allerdings, wie diese Entwicklung in der Alten Kirche zu bewerten sei: Als eine Abfallgeschichte? Als Irrweg vor allem der westlichen Kirchen? – So heute die herrschende Meinung in der Liturgiewissenschaft, in verschiedenen Konfessionen.[18]

Von dieser Voraussetzung aus wird die reformatorische Abendmahlslehre und -praxis kritisiert: Sie habe zwar den Opfergedanken im römischen Meßopfer strikt abgelehnt, aber an der Realpräsenz festgehalten und daher nur ein Symptom der Fehlentwicklung im Blick gehabt. In Wirklichkeit seien die Reformatoren „paradoxerweise liturgisch den Weg Roms zu Ende (sc. gegangen)",[19] indem sie die Einsetzungsworte noch weiter aus dem liturgischen Hochgebet, aus der Darbringung des dankbaren Gedächtnisses an den Vater, herausgelöst haben.

Es korrespondiert diesem theologischen Ansatz, wenn die *Lima-Liturgie* insgesamt als Dankhandeln („Eucharistie") der Kirche verstanden werden möchte und in ihr die Einsetzungsworte nur als Teil des eucharistischen Hochgebets erscheinen.[20]

Auch im *Vorentwurf zur Erneuerten Agende* gab es Tendenzen, den anabatischen Charakter des Geschehens hervorzuheben: die Wendung hin-

---

18 So etwa der anglikanische Theologe G. Dix, der römisch-katholische Theologe Hans-Bernhard Meyer, die evangelisch-lutherischen Theologen Hans-Christoph Schmidt-Lauber und Ulrich Kühn.

19 Hans-Christoph Schmidt-Lauber: Die Eucharistie. In: ders. und Karl-Heinrich Bieritz (Hg.): Handbuch der Liturgik. 2. Aufl. 1995, 209–247. Z. St. 229.

20 Die Eucharistische Liturgie von Lima. Frankfurt/Main 1983, z. St. 19. In der Lima-Liturgie ist die Wandlung mit der Epiklese verbunden, während die Einsetzungsworte in einem zweiten Teil des epikletischen Gebetes rezitiert werden: „P. Laß das Ausgießen dieses feurigen Geistes unser Mahl der Danksagung so verwandeln, daß dieses Brot und dieser Wein für uns zum Leib und Blut Christi werden. – G. Komm, Schöpfer Geist! – P. Laß diesen Schöpfergeist die Worte Deines geliebten Sohnes erfüllen, der in der Nacht, in der er ausgeliefert wurde, Brot nahm ...".

auf zu Gott, dem die Kirche dieses Geschehen darbringt.[21] – So gewinnt eine liturgiehistorische Frage und Bewertung unmittelbar Relevanz für die Abendmahlsliturgie heute.

Indes: Schon wie jene Entwicklung in der Alten Kirche zu bewerten ist, ist strittig. Mit guten Gründen hat Dorothea Wendebourg[22] eine andere Bewertung vorgetragen:

* Indem die Einsetzungsworte ab dem 3. Jh. in der Abendmahlsliturgie rezitiert wurden, wurde im liturgischen Vollzug Rechenschaft gegeben über das, was von Anfang an Grund und Wesen dieser Feier war.

* Auch als ihnen ab dem 4. Jh. konsekratorische Funktion zuerkannt wurde, wurde lediglich ein Verständnis des Herrenmahls fixiert, das in der paulinisch-synoptischen Tradition von Beginn an anzunehmen ist. Indem der „operative effect" nun den verba institutionis zugeschrieben wird, geschieht eine Selbstunterscheidung, in der sich die Kirche, die das Mahl feiert, unterscheidet von dem Gott, der für sie und ihr gegenüber handelt. Dies aber ist sachgerecht, eine legitime Entfaltung dessen, was schon bisher (etwa bei Justin) als Erhebung der Gemeinde zu Gott in Lob und Dank *und* als sakramentale Vergegenwärtigung ohne nähere Differenzierung ineinander lag.

* Die Triebfedern dieses Prozesses sind nichts anderes als die Worte „Nehmt, eßt, trinkt, das ist mein Leib, das ist mein Blut"; diese Worte bildeten stets einen Fremdkörper im eucharistischen Hochgebet, indem sie sich als Anrede nicht an Gott, sondern an die feiernde Gemeinde richten.[23]

Von daher ist es nicht als Irrweg zu bewerten, sondern als Explikation dessen, was auch in den ersten vier Jahrhunderten galt, wenn die Einsetzungsworte in einem Gebet, das sich an Gott richtet, eine eigene Funktion übernehmen. Es entspricht den Einsetzungsworten selbst, wenn sie ihren

---

21 Erneuerte Agende. Vorentwurf. Gemeinsam hg. von der VELKD, Lutherisches Kirchenamt, und der EKU, Kirchenkanzlei. Hannover, Bielefeld 1990. Vgl. dort etwa den sog. Kanon des Hippolyt (S. 618, Nr. 484), bei dem die Einsetzungsworte zurückgebunden sind in ein eucharistisches Hochgebet, aber auch die Gabenepiklese eines römisch-katholischen Hochgebets (S. 621, Nr. 485) und die Erläuterungen zum Begriff „Eucharistie" (S. 600) mit dem Hinweis auf die Verwendung bei Justin dem Märtyrer, dort allerdings verbunden mit dem zutreffenden Hinweis, daß das Dankgebet seinen Ursprung und seine Mitte im Handeln Jesu selbst hat.

22 Dorothea Wendebourg: Den falschen Weg Roms zu Ende gegangen? Zur gegenwärtigen Diskussion über Martin Luthers Gottesdienstreform und ihr Verhältnis zu den Traditionen der Alten Kirche. ZThK 94. 1997, 437–467.

23 Ebd., 445 ff., 448 ff., 453 ff.

Ort in einem dialogischen Geschehen zwischen Gott und Mensch haben, in dem den Menschen das Heil verkündet, die Gegenwart Christi im Mahl zugesprochen wird und die Menschen sich mit Dank und Lob an Gott wenden.[24]

Dies vorausgesetzt erscheint auch der reformatorische Neuansatz in einem anderen Licht, nämlich als bewußte Kritik der römischen Meßopferlehre und nicht als unreflektierte Übernahme ihrer Voraussetzungen:

*   Die verba testamenti werden nun im Evangelienton gesungen und treten in ihrem Verkündigungscharakter um so deutlicher hervor.

*   Da die Verkündigung auf Hörer zielt, die tun, was die verba institutionis fordern („Nehmt und eßt, nehmt und trinket alle daraus"), wurden die stillen Messen abgeschafft.

*   Die Vorstellung, das Meßopfer werde als unblutige Wiederholung des Opfers Christi in einem verdienstlichen Akt Gott dargebracht, verfällt der Kritik. Statt dessen rückt die Zueignung des Heils im Empfang von Leib und Blut Christi durch die feiernde Gemeinde ins Zentrum.[25]

Der reformatorische Ansatz ist sachgerecht, weil in ihm der dialogische Charakter des Gottesdienstes, in dem unser lieber Herr mit uns redet durch sein heiliges Wort und wir wiederum mit ihm reden durch Gebet und Lobgesang, zum Tragen gebracht wird.[26]

Auch diese Position hat Auswirkungen auf die Debatte über liturgische Neuansätze heute: Jenen Versuchen, dem Mahl einen stärker anabatischen Charakter zu geben, es als Darbringung an Gott zu verstehen, wird mit Nachdruck widersprochen; statt dessen wird der katabatische Charakter des Mahls hervorgehoben: die Zueignung des Heils an die, die Christi Leib und Blut beim Essen und Trinken empfangen.

Das *Evangelische Gottesdienstbuch*,[27] das aus dem Vorentwurf der Erneuerten Agende und dem Stellungnahmeverfahren dazu erwachsen ist, bleibt in den agendarischen Teilen ganz bei dem lutherischen Verständnis des Abendmahls. Sehe ich recht,[28] dann sind auch bei den zahlreichen

---

24 Ebd., 457. Vgl. Dorothea Wendebourg: Noch einmal „Den falschen Weg Roms zu Ende gegangen?" Auseinandersetzung mit meinen Kritikern. ZThK 99. 2002, 400–440.

25 A. a. O. (s. Anm. 22), 458 ff.

26 Martin Luther: Predigt zur Einweihung der Schloßkirche Torgau am 5. Oktober 1544. WA 49, 588. Zitiert auch bei Wendebourg (s. Anm. 24), 404.

27 Evangelisches Gottesdienstbuch. Hg. von der Kirchenleitung der VELKD und im Auftrag des Rates von der Kirchenkanzlei der EKU. Berlin, Bielefeld, Hannover 1999.

28 Ähnlich im Urteil Wendebourg (s. Anm. 24), 413, Anm. 50.

Texten, die zur Ergänzung angeboten werden, die Versuche, den Verkündigungscharakter der Einsetzungsworte in ein eucharistisches, an Gott gerichtetes Hochgebet einzutragen, wieder zurückgenommen.[29]

Insofern kann man sagen, daß die heute in den lutherischen Kirchen Deutschlands gültige Abendmahls*liturgie* weiter den Einsichten der Reformation verpflichtet bleibt, daß die Worte des Zuspruchs „Das ist mein Leib" in der geltenden Gottesdienstordnung wohl feste stahn! Damit stellt sich nun die Frage nach dem praktischen Vollzug:

III. Zur Abendmahlspraxis in den lutherischen Kirchen

Im Blick auf die Praxis und das Verständnis des Heiligen Abendmahls in den lutherischen Kirchen kann ich nur eine Reihe von eigenen, unsystematischen Beobachtungen wiedergeben: Beobachtungen, die ich als Gottesdienstbesucher neun Jahre in Hannover und als lutherischer Oberkirchenrat an vielen Stellen Deutschlands gemacht habe; ferner Beobachtungen, die ich jetzt bei Beurteilungen und vielen Gottesdienstbesuchen dienstlich als Dekan in Franken mache.

Dabei ist noch einmal zu unterscheiden zwischen der liturgischen Praxis und dem Verständnis. Wie die Abendmahlsgäste *verstehen,* was sie da empfangen: ob sie es beispielsweise als (in weitem Sinn) „Zeichen" der Gegenwart Gottes verstehen oder ob sie es so entgegennehmen, daß sie die Gaben *leibhaft* als Leib und Blut Christi empfangen, das bleibe dahingestellt. Auch bei den Angehörigen der Kerngemeinde empfiehlt es sich nicht, den Katechismus oder etwa die Konsubstantiationslehre abzufragen. Die Erfahrungen, die man parallel dazu im Konfirmandenunterricht machen kann, sind jedenfalls nicht ermutigend.

Was dagegen die *liturgische Praxis* anbelangt, so läßt sich nach meinen Beobachtungen insgesamt ein deutlich positives Bild erkennen.[30] Ich erle-

---

29　Signifikant ist etwa, wie in der Fassung der Lima-Liturgie, die im EGb abgedruckt ist, der ursprüngliche Wortlaut verändert wurde. Während im Original die Wandlung der Gaben dem Ausgießen des Geistes zugeschrieben wird (s. Anm. 20), bezieht sich die Bitte um den Geist in der Fassung des EGb auf den Glauben, in dem wir Christi Leib und Blut empfangen, während die verba institutionis neu einsetzen: „P. Gieß aus das Feuer deines Geistes und gib, daß wir in diesem Mahl Christi Leib und Blut im Glauben empfangen. G. Komm, Gott Schöpfer, Heiliger Geist. P. Unser Herr Jesus Christus, in der Nacht ..." (EGb, 656 f.)

30　Einer eigenen Untersuchung bedürften die Ausprägungen der Abendmahlsliturgie in der feministischen Theologie, auch deshalb, weil in den Entwürfen dort oft nur Gebete und Texte, aber keine ausgeformten Liturgien angeboten werden, und weil ihr Spektrum so breit ist, daß sich ein schnelles Urteil verbietet.

be durchgehend[31] bei älteren wie bei vielen jungen Pfarrerinnen und Pfarrern meines Dekanats eine Abendmahlspraxis, die dem evangelischen Gottesdienstbuch bzw. Agende I[32] folgt und von lutherischer Abendmahlstheologie her bestimmt ist.

Verändert hat sich in den letzten Jahrzehnten, daß die Verbindung von Abendmahl und Beichte, Schuldbekenntnis und Vergebung zurückgetreten ist. Sie ist zwar keineswegs überall aus dem Bewußtsein verschwunden (in manchen Gegenden geht man bis heute an der Konfirmation, am Karfreitag und am Buß- und Bettag pars pro toto „zum Beichten"), aber doch vielfach zurückgetreten. Das Abendmahl wird öfter gefeiert, ein- oder zweimal im Monat; es wird als Mahl der Erlösten gefeiert, als Stärkung auf dem Weg.

Das ist eine Entwicklung, die positive und negative Momente hat: das Abendmahl tritt als eigenständige Feier hervor, in vielen Gemeinden wird eine neue Abendmahlsfrömmigkeit gepflegt; umgekehrt verlieren das Bewußtsein der Schuld und die Erfahrung, wie Vergebung zugesprochen wird, ihren regelmäßigen gottesdienstlichen Ort. Die spezifische Frage jedoch, ob sich das lutherische Verständnis der Realpräsenz verändert hat, wird durch diese Entwicklung nicht berührt.

Bei einem insgesamt positiven Eindruck sind allerdings exemplarisch drei Beobachtungen zu nennen, die mehr sind als Einzelfälle; drei Beobachtungen zu ad-hoc-Formulierungen in der Abendmahlsliturgie, die mindestens fragwürdig sind. Die Beispiele mögen auch für andere Fälle sensibel machen, in denen (vielleicht unbewußt) gut gemeinte Adaptionen des agendarischen Wortlauts und frei formulierte Ergänzungen zu problematischen theologischen Verschiebungen führen.

*   In den letzten Jahren fällt auf, daß die Spendeworte bei der Austeilung immer öfter verändert werden, und zwar nicht nur durch die Verwendung der agendarischen Kurzformel „Christi Leib, für dich gegeben", „Christi Blut, für dich vergossen".[33] Vielmehr wird dar-

---

31 Daß man trotzdem gelegentlich Opfer von Skurrilitäten wird, ist unbestritten: Einmal in Hannover leierte ein Pastor die Liturgie bis zu „Alles ist bereit", dann erst nahm er das Velum vom Abendmahlsgerät und goß Wein in den Kelch – Einzelfälle, die am Gesamturteil nichts ändern.

32 Agende für evangelisch-lutherische Kirchen und Gemeinden. Bd. I. Berlin 1957.

33 Mit der Kurzformel wird der wirklichkeitskonstituierende Zuspruch jeder Person einzeln zugesprochen. Allerdings muß man bei Verzicht auf die Langformel insbesondere zum Kelch („Nehmet hin und trinket: das ist das wahre Blut unsers Herrn Jesus Christus, für euch vergossen zur Vergebung der Sünden. Das stärke und erhalte euch im Glauben zum ewigen Le-

über hinaus die Kurzformel immer öfter ersetzt durch: „Nimm und iß vom Brot des Lebens", „Nimm und trink vom Kelch des Heils".

Nun sind diese Worte nicht an sich problematisch: Daß im Abendmahl das Brot des Lebens gereicht wird, weil Christus das Brot des Lebens ist (Joh. 6,35), ist nicht zu bestreiten. Daß der Kelch, den wir trinken, zum Heil dient, ist auch nicht zu bezweifeln. So könnte man diese Spendeformel hören in Freude über den Reichtum der liturgischen Formen, den es in unserer Kirche gibt,[34] auch im Anklang an jüdische Formen des Mahles (der „Segensbecher").

Werden diese Spendeworte indes nicht nur gelegentlich (variatio delectat!), sondern ausschließlich gebraucht, dann liegt der Verdacht nahe, man wolle durch die Veränderung der Spendeworte zurücknehmen, was anstößig erscheint, nämlich daß Christus in seiner Lebenshingabe wirklich in diesen Gaben präsent ist, daß es Christi Leib und sein Blut sind, die genossen werden.

Es wird nicht in jedem Fall zu unterstellen sein, daß es sich um eine bewußte Abwendung vom lutherischen Verständnis des Abendmahls handelt, wenn die Spendeformel gebraucht wird, die sonst in der Liturgie der reformierten Kirchen in der Schweiz vorgesehen ist.[35] Auf kritische Rückfrage würde man wohl oft zur erstaunten Antwort erhalten, die Pfarrerinnen und Pfarrer wollten keineswegs Luthers Abendmahlslehre verabschieden; ihr Interesse sei vielmehr, zu „heute verständlichen" und „situationsgerechten" Formulierungen zu gelangen. Bewußt machen muß man sich allerdings, welche fragwürdigen Verschiebungen es dabei unter der Hand geben kann.

* Ähnliches gilt für ein Abendmahlsgebet, das gelegentlich begegnet und in dem es heißt: „Du bist das Brot der Liebe und der Hoffnung: Laß uns glauben, daß du nun in Brot und Wein zu uns kommst, wenn wir uns jetzt an Jesu Tischgemeinschaft erinnern".[36]

Auch so kann man einmal im Sinne einer Kommunikantenepiklese beten. Wird dieses Gebet indes ausschließlich verwendet und dann als systemati-

---

ben.") in Kauf nehmen, daß die Vergebung auch in der Spendeformel nicht mehr eigens genannt wird – indes im Agnus Dei weiterhin ihren Ort hat.

34 Auch in Agende I, 227, wird in dem Gebet, mit dem sich der Liturg sammelt, bevor er sich selbst das Sakrament reicht, vom „Kelch des Heils" gesprochen.

35 S. o. Anm. 6.

36 Ms. Manuskript.

sche Grundlegung dessen, was im Abendmahl geschieht, gehört, dann ist die Formulierung höchst problematisch: Daß das Kommen Jesu „in Brot und Wein" *leibhaft* zu denken ist, verschwimmt ganz hinter der Symbolisierung („Brot der Liebe und der Hoffnung"), so daß das Mahl insgesamt zu einer „Erinnerung an Jesu Tischgemeinschaft" mutiert.

Der Unterschied dieser Formulierungen zu einer Liturgie, die an Luthers Einsichten zur Realpräsenz festhält, wird deutlich, wenn man demgegenüber das Abendmahlsgebet I im Evangelischen Gottesdienstbuch rekapituliert: „Wir bitten dich: Sende auf uns herab den Heiligen Geist, heilige und erneuere uns an Leib und Seele, damit wir unter diesem Brot und Wein Leib und Blut Christi zu unserem Heil empfangen, wenn wir tun, was er uns geboten hat."[37]

Im Gegenüber zu jener ad-hoc-Formulierung wird im agendarischen Gebet erstens festgehalten, daß nicht nur Brot und Wein, sondern unter diesen Leib und Blut Christi empfangen werden. Zweitens werden im agendarischen Gebet die Einsetzungsworte so eingeleitet, daß sie als Handlung avisiert werden! „Wenn wir *tun*, was er geboten hat", dann erinnern wir uns nicht nur an Jesu Tischgemeinschaft, sondern diese wird neu konstituiert und ist deshalb als leibhafte Gegenwart Christi in, mit und unter den Gaben erfahrbar. Der Unterschied zu jener Neuformulierung läßt sich mithin schon sprachanalytisch fixieren als unterschiedliche Bestimmung dessen, was durch die Einsetzungsworte und Gebete beim Abendmahl geschehen soll.

Neben dem Gebrauch der Einsetzungsworte, neben den Abendmahlsgebeten und den Spendeworten sind es die Entlaßworte, bei denen sich problematische Verschiebungen ergeben können:

*   Gelegentlich begegnet, nachdem die Kommunion im großen Kreis empfangen wurde, als Entlaßwort eine Formulierung etwa wie folgt: „Reichen wir einander die Hand als Zeichen der Verbundenheit untereinander und mit Christus. Wir bringen damit zum Ausdruck: Die Liebe Christi und sein Frieden wollen unter uns mit Händen zu greifen sein. Gehet hin in Frieden."[38]

---

37 Abendmahlsgebet I, Egb, 113.
38 Ms. Manuskript. Den Hinweis auf diese Formulierung und ihre Problematik verdanke ich Alexandra Riebe.

Sofort zu unterstreichen ist, daß es ausgesprochen sinnvoll ist, den Friedensgruß auch untereinander auszutauschen und dies mit einem Zeichen der Versöhnung (meist einem Händedruck) zu verbinden – und zwar *vor* der Kommunion. Damit wird wenigstens den Anwesenden die Möglichkeit zur Versöhnung (oder immerhin zur Kontaktaufnahme) gegeben, eingedenk Mt. 5,24: „so laß dort vor dem Altar deine Gabe und geh zuerst hin und versöhne dich mit deinem Bruder ..."

Die Geste zum Entlaßwort ist ähnlich, doch hat sie dort eine andere Funktion. Zugespitzt: Durch Anfügung einer weiteren Symbolhandlung wird entwertet, was unmittelbar zuvor im Mahl nach Christi eigener Verheissung geschehen ist! Die Verbundenheit mit Christus – und durch gemeinsame Teilhabe an ihm auch die Verbundenheit untereinander – war vorher im Empfang von Leib und Blut Christi in höchster Intensität zu erfahren. Dies ergänzen zu wollen durch ein weiteres „Zeichen der Verbundenheit", ein Zeichen zumal, das aus dem besteht, was Menschen tun (nämlich einander an der Hand zu fassen), das entwertet die reale Präsenz Christi im Abendmahl und stellt sie bestenfalls in eine Reihe weiterer „Zeichen".

Der gleiche Vorbehalt gilt gegenüber dem zweiten Satz jenes Entlaßwortes: Die Liebe Christi und seine Hingabe waren zuvor mit dem Mund zu *schmecken* (manducatio oralis). Wenn man sie anschließend durch unsere Geste mit den Händen *greifbar* machen will, gibt man Anlaß zur kritischen Rückfrage, ob die leibhafte Präsenz Christi im Empfang der Kommunion ernst genommen wurde.

Die Spendeformel, ein Abendmahlsgebet, bestimmte Entlaßworte: Dies sind – exemplarisch genannt – drei Beobachtungen, wie sich unter der Hand problematische Verschiebungen in der Praxis und im Verständnis des Abendmahls ergeben. In den meisten Fällen sind solche Formulierungen wohl motiviert durch den Wunsch, verständlich und situationsgerecht zu sprechen, nicht durch eine bewußte Verabschiedung der Abendmahlslehre Luthers. Gleichwohl sind die Verschiebungen nicht zu verkennen: Verschiebungen weg vom Vertrauen darauf, daß der Gekreuzigte und Auferstandene *wirklich* unter Brot und Wein präsent ist und *leiblich* empfangen wird.

Man kann viele solche Formulierungen gelassen hören, solange sie „auch einmal" gebraucht werden. Dokumentieren sie indes das Abendmahlsverständnis des Liturgen oder sollen sie (etwa im Zusammenhang mit dem Kinderabendmahl)[39] für das Verständnis der Gemeinde systematisch prägend werden, dann sind sie aus lutherischer Perspektive problematisch und fragwürdig. Dem Liturgen, der Liturgin in solchen Fällen kritische Fragen zu stellen, das ist sowohl eine ephorale Aufgabe als auch undelegierbar die Aufgabe aller Vertreter des allgemeinen Priestertums.

An meinem grundsätzlich positiven Eindruck, daß in den lutherischen Kirchen das Abendmahl weithin einsetzungsgemäß gefeiert wird – einsetzungsgemäß entsprechend den Einsichten der Wittenberger Reformation, ändern auch solche Beobachtungen nichts. Vielmehr zeigen die kritischen Rückfragen gegenüber solcher Praxis, welche Bedeutung Luthers Abendmahlsverständnis weiterhin hat.

So ist zwar nicht ohne kritische Rückfragen, aber doch zuversichtlich hinter die Überschrift ein Ausrufezeichen zu setzen: daß in unseren lutherischen Kirchen die Worte „Das ist mein Leib" wohl feste stan!

---

39 So wird in Werbeschriften zum Kinderabendmahl für die Zulassung von Kindern zum Abendmahl geworben, dann aber das Abendmahl nur als fröhliche Feier, jedenfalls nicht als Realpräsenz und Persongegenwart Christi in Brot und Wein dargestellt. Vgl.: Auch wir sind geladen. Abendmahl feiern mit Kindern. Hg. vom Landesverband für Evangelische Kindergottesdienstarbeit in Bayern. 2. Aufl. 2002, 46: Den Kindern soll vermittelt werden, „worin wesentliche Inhalte der Abendmahlsfeier bestehen: Wir feiern gemeinsam ein Mahl, es soll fröhlich zugehen, Jesus Christus ist mitten unter uns und geht mit uns nach Hause." Eben dies geben die dort vorgeschlagenen Spendeworte wieder, etwa das zum Saft (sic!): „In diesem Traubensaft kommt Gott Dir ganz nah. In diesem Traubensaft bekommst du Kraft von Gott. Der Kelch des Heils: für dich."

Die Autoren

Reinhard Brandt   Dr. theol., Dekan des Evang.-Luth. Dekanats Weißenburg (Bay.), zweiter Präsident der Luther-Gesellschaft

Dietrich Korsch   Dr. theol., Professor für Systematische Theologie an der Philipps-Universität Marburg

Notger Slenczka   Dr. theol., Professor für Systematische Theologie und Sozialethik an der Johannes-Gutenberg-Universität Mainz

Joachim von Soosten   Dr. theol., Privatdozent für Systematische Theologie an der Theologischen Fakultät der Universität Heidelberg

Reinhard Schwarz   Dr. theol, emeritierter Professor für Kirchengeschichte an der Evangelisch-Theologischen Fakultät der Ludwig-Maximilians-Universität München

Das evangelische Abendmahlsgerät

Johann Michael Fritz
**Das evangelische Abendmahls-
gerät in Deutschland**
**Vom Mittelalter bis zum
Ende des Alten Reiches**
Mit Beiträgen von
Martin Brecht, Jan Harasimowicz
und Annette Reimers

584 Seiten, Hardcover
ISBN 3-374-02200-6

Der evangelische Gottesdienst hat zwei Hauptelemente: die Wortverkündigung und das Abendmahl, das unter beiderlei Gestalt gereicht wird. Dafür sind im Laufe der Jahrhunderte Tausende von Geräten geschaffen worden, fast alle aus kostbarem Silber. Kelch, Patene und Hostiendose werden seit der Reformation durch große Kannen ergänzt.

Eine Vielzahl dieser von Gläubigen gestifteten Abendmahlsgeräte – theologisch, kirchengeschichtlich und künstlerisch von hohem Wert – wird in diesem Buch erstmals zusammenfassend gewürdigt und in mehr als 600 Abbildungen vor Augen geführt. Sie spiegeln in ihrer unglaublichen Vielfalt die Geschichte des Protestantismus vom frühen 16. Jahrhundert bis zum Jahr 1806 wider.
Die einleitenden Beiträge erläutern die theologische, kirchengeschichtliche und kunsthistorische Bedeutung sowie die Bildprogramme.

EVANGELISCHE VERLAGSANSTALT
Leipzig

Protestantismus und Mystik

Johannes Schilling (Hrsg.)
Mystik
Religion der Zukunftsfragen –
Zukunft der Religionen

136 Seiten, Paperback
ISBN 3-374-02069-0

Fragen nach Spiritualität und nach Erneuerung der Frömmigkeit bewegen gegenwärtig viele Menschen. Wie können solche Fragen von Theologie und Philosophie aufgenommen werden? Welche Antworten gibt der christliche Glaube und welche Antworten hat speziell das evangelische Christentum anzubieten?

Der Band gibt Einblick in die Religiosität Elisabeths von Thüringen ebenso wie in die Religiosität Martin Luthers. Er veranschaulicht die Bedeutung der Mystik für die Geschichte des Protestantismus, thematisiert aber auch die Religiosität der Gegenwart.

Mit Beiträgen von Johann Kreuzer, Hartmut Rosenau, Johannes Schilling, Ralf Stolina, Markus Wriedt und Karl-Heinz zur Mühlen.

EVANGELISCHE VERLAGSANSTALT
Leipzig

www.eva-leipzig.de

Der ökumenische Dialog

Uwe Rieske-Braun (Hrsg.)
Konsensdruck ohne Perspektiven?
Der ökumenische Weg nach
„Dominus Iesus"

144 Seiten, Paperback
ISBN 3-374-01926-9

Der ökumenische Prozess zwischen den evangelischen Kirchen und dem vatikanischen Lehramt steckt in einem tiefen Dilemma. Die vatikanische Erklärung „Dominus Iesus" von 2000 hat die Proteste gegen die Gemeinsame Erklärung zur Rechtfertigungslehre ins Recht gesetzt und das ökumenische Klima stark abgekühlt. Der Weg zu weiteren Lehrkonsensen scheint angesichts der Differenzen mit unüberwindlichen Hindernissen verstellt. Doch zugleich wächst der Konsensdruck von der Basis. Viele Christen zeigen wenig Verständnis für die Bedenken der Universitätstheologie und das Zögern der Kirchenleitungen.

Der Aufsatzband dokumentiert Beiträge einer Aachener Tagung zum ökumenischen Dialog. Sie bilanzieren den derzeitigen Stand des interkonfessionellen Gesprächs und bringen Klarheit über Positionen und kirchliche Traditionen. Leitend ist die Einsicht, dass es zu einem fortschreitenden ökumenischen Prozess keine Alternative gibt.

EVANGELISCHE VERLAGSANSTALT
Leipzig

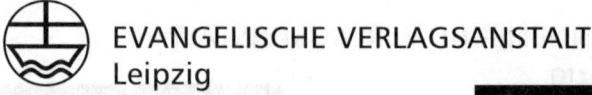

www.eva-leipzig.de

Beiträge zu Liturgie und Spiritualität

Charlotte Magin/
Helmut Schwier

Kanzel, Kreuz und Kamera

Impulse für Gottesdienst
und Predigt

Beiträge zu Liturgie und
Spiritualität, Band 12

212 Seiten, Paperback
ISBN 3-374-02256-1

Ein sowohl praxisnahes als auch theologisch fundiertes Buch, das die
ZDF-Fernsehgottesdienste als Beispiele innovativer Liturgien untersucht
und Anregungen für die praktische Gottesdienstgestaltung vor Ort bietet.
Dabei werden die journalistische Betrachtungsweise und die praktisch-
theologische Reflexion stets aufeinander bezogen und in einen anregenden
Dialog gebracht (z. B.: Gemeinde und Publikum, Liturgie und Dramatur-
gie, Gottesdienstablauf und Format). Die Struktur des Dialogs bilden acht
Kriterien, die sich in Auseinandersetzung mit liturgiewissenschaftlichen
Erkenntnissen entwickelt haben. Sie entsprechen der Gliederung in acht
Kapitel.

Das Buch wendet sich an alle, die hauptberuflich oder ehrenamtlich Got-
tesdienste gestalten, oder in Aus- und Fortbildung über Predigt und Gottesdienst arbeiten.

EVANGELISCHE VERLAGSANSTALT
Leipzig

www.eva-leipzig.de

Forum Theologische Literaturzeitung

Ingolf U. Dalferth

Evangelische Theologie als Interpretationspraxis

Eine systematische Orientierung
Forum Theologische
Literaturzeitung, Bd. 11/12

208 Seiten, Paperback
ISBN 3-374-02120-4

Die überkommenen Formen theologischer Lehre und Ausbildung in Deutschland stehen im Zuge der europäischen Ausbildungsharmonisierung vor folgenreichen Veränderungen mit möglicherweise weit reichenden institutionellen und rechtlichen Folgen für die theologischen Fakultäten und Fachbereiche. Sollen die gegenwärtigen Debatten nicht inhaltsfreie Studienreformspiele bleiben, ist es nötig, sich über Aufgaben und Ziele, Fragestellungen und Verfahren evangelischer Theologie grundsätzlich Gedanken zu machen.

Die Studie versucht eine solche systematische Orientierung anhand der Frage, was evangelische Theologie – unabhängig von den spezifischen Orten, an denen sie gelehrt und praktiziert wird – eigentlich evangelisch und zur Theologie macht.

EVANGELISCHE VERLAGSANSTALT
Leipzig

www.eva-leipzig.de